哭泣的城市

City in Tears

香港修例風波實錄

A Historical Account of Hongkong's Extradition Turmoil

大公文匯
HKTKWW

大公報 出版有限公司

前 言

　　眞實記錄，是對歷史的銘記。

　　香港特區政府的修例工作觸發一場大規模黑色暴亂，這一切來得如此突然，如此驚心動魄，直至暴亂大半年後的今天，很多人仍無法理解：文明法治的香港爲何一夜間淪爲妖獸世界？

　　2018年2月，港人陳同佳在台灣殺死女友後逃回香港，但由於兩地之間沒有引渡協議，香港無法將兇嫌送回台灣審訊。2019年初，特區政府啓動修訂逃犯條例工作，旨在堵塞法律漏洞，洗刷香港「逃犯天堂」之污名。不料風雲突變，伸張正義之舉被妖魔化爲「送中條例」，陰謀論四起。6月9日及12日爆發大遊行，扣動蓄謀已久的「顏色革命」的扳機。

　　7月1日，蒙面暴徒成群結隊圍攻立法會大樓，使用工具車、鐵棒兇狠地撞擊防爆玻璃門，最終大門被攻破，玻璃碎片散落一地，香港人賴以自豪的法治、文明等核心價值也碎了一地，野蠻、暴力、黑暗籠罩了這座城市。

　　香港彷彿被一隻殭屍咬到，一撮黑衣人變得失智、瘋狂而嗜血。

　　暴力不斷升級，一些人對暴力的容忍度也在不斷升級。暴徒用磚頭、棍棒、磨尖鐵枝、彈珠槍、腐蝕液等發動攻擊，接着出動汽油彈、燃燒彈、弓箭、投石機乃至眞槍實彈。

　　黑色面罩，蒙住面容，也蒙蔽良知。剛開始時，暴徒針對被稱爲「死物」的大樓、警署，很快就輪到遊客、市民、警察被攻擊，商業機構、民生設施亦無法幸免。

　　大批年輕人荒廢學業及職業，充當暴亂主力軍，其中不乏稚氣未脫的少年。「黃老師」毀人不倦，鼓吹暴力，播種仇恨，用最惡毒的語言詛咒警隊及其家人。偌大校園放不下一張安靜書桌，實驗室變身兵工廠，泳池用於武器試驗，大學淪爲「暴大」，不以爲恥，反以爲榮。

　　追求「民主、自由」的確是美麗的願景，但眞理往前再走一步就成了謬誤，文明與野蠻其實只有一線之分。

　　香港變了，變得如此陌生；香港病了，病得如此嚴重。家園被自己人破壞，城市被自己人焚燒，行私刑被美化爲「私了」、破壞商場被掩飾爲「裝修」，「攬炒」橫掃一切。文明哭泣，人性瘋狂，法治被踐踏如地底泥。

　　因爲這場暴亂，多少家庭分崩離析，多少同事反目爲仇，多少朋友已成陌路。人們無法相信眼前的一切，憤怒、痛心、抑鬱、無助、悲涼、絕望，五味雜陳。

　　比瘟疫傳播得更快、更具殺傷力的是謠言滿天飛。「7·21警黑勾結」、「8·31太子站打死人」、知專少女陳彥霖「被自殺」、新屋嶺「強姦」、便衣警察「嫁禍」……青蠅營營，唾沫噴毒。謠言未

能止於智者，眾口鑠金，積毀銷骨，世界一流的警隊與「警暴」畫上等號，簡直比竇娥還冤。

一時間，香港彷彿成了一個黑白混淆、是非顛倒、以醜爲美的社會，一個謊言都市。

君不見，香港的暴力血腥被美國政客形容爲「一道美麗的風景線」；窮兇極惡的暴徒受到西方輿論的集體吹捧；不少金髮藍眼在暴亂現場充當指揮，而雨傘、口罩、黑金、槍支等暴亂資源從海外源源而至。這些足以證明，暴亂的幕後有一隻看不見的手。

事實上，黎智英一早揚言「爲美國而戰」，黃之鋒聲稱香港是「中美之戰的最前線」，梁家傑提倡「暴力有時是解決問題的方法」，余若薇則預言「生於亂世」。當美國將香港視爲遏制中國發展的一張牌，所有的謎團迎刃而解，所有的不明白豁然開朗。當美國通過所謂《香港人權與民主法案》，泛暴派一片感恩戴德之聲，星條旗瘋狂揮舞，注定了香港劫數難逃。

滙豐銀行前的兩尊銅獅飽經患難，曾見證日本侵略者的鐵蹄踐踏，又見證黑衣人的猖狂。最悲哀的是，銅獅當年逃過被溶化的命運，這一次卻未能幸免於火燒潑漆的悲劇。

獸猶如此，人何以堪！

滄海橫流，方顯英雄本色。在這個動蕩不安的時代，拒絕同邪惡同流合污的大有人在。

無數市民挺身而出向暴力說不，他們自發清走路障及暴力文宣，哪怕被打得血流披面；他們高喊「我是中國人」，哪怕暴徒一擁而上；他們仗義直言，無懼生命受威脅；他們據理力爭，直斥暴行，縱然瞬間變成「火人」……

更加可歌可泣的是，三萬警員以血肉之軀，築成守衛法治及市民生命財產的萬里長城。最終在中大及理大包圍戰中直搗巢穴，止暴制亂迎來重大轉折點。

延續了八個月的暴亂未能實現「顏色革命」，因爲香港不是烏克蘭，香港背後站着日益強大的中國，十四億人民是最堅實的靠山。

但誰都知道，戰爭並沒有寫下休止符，只是由暴亂街頭變成靜水流深。只要時機合適，暴力隨時可能死灰復燃。只有痛定思痛，從問題入手動大手術，香港才能回歸正軌，重煥光彩。

而眞實地記錄曾經發生的這一切，正是爲了這一目的。

在齊太史簡，在晉董狐筆。大公文匯同仁冒着生命危險，一直戰鬥在前線，用文字及攝影鏡頭記下這段黑暴的歷史，並編成這本珍貴的專輯。眞相，是不容篡改的！

《哭泣的城市》編委會

二〇二〇年二月

目 錄

殤

肆虐的黑暴

黑暴一步步吞噬香港，
把我們推向最危險的深淵……
誰在縱暴？

黑暴肆虐，我們曾是全球最安全城市之一，現在竟淪為「暴亂之都」，為何？

黑暴摧殘香江，東方明珠黯然。2019年6月9日，一場聲稱「反修例」的大遊行，以暴亂衝擊收尾。立法會外警察猝不及防，被打得頭破血流。這只是「第一滴血」！隨後的6月12日，暴徒從四面八方突然掩至金鐘，顯示出驚人的組織性，掘地磚鋸欄杆，向着再次措手不及的警察飛擲過去。

暴亂？是的！一場有策略、有步驟、有文宣、有資源、有呼應、有支援的……曠日持久的暴亂！

「7·1」攻入立法會，先破壞後宣「獨」，有縱暴議員「指路」；「7·7」遊行湧向西九站，遊客市民同遭殃；「7·21」衝擊中聯辦，國徽被玷污；「8·13」癱瘓機場，毆遊客、打記者；「8·31」後「老屈」警察太子站內打死人……各種謠言繪影繪聲，虛假訊息氾濫成災，洗腦文宣與黑暴形影不離，「勇武」與「和理非」音聲相和，日復一日。

暴亂，持續擴散，不斷升級。

九月煽罷課，圍政總，一邊歡呼美國會通過對港惡法，一邊私刑傷害不同政見香港市民；打砸搶燒，美心、中銀、滙豐等港企、中資、外商皆受害。十月，《禁蒙面法》生效前後瘋狂反撲，街頭四處縱火，鐵路交通設施盡毀，那一組可憐的交通燈，修復了17次，又被打爛了……

止暴制亂呼聲高昂中，政棍發惡縱暴，暴徒發狂衝擊，外部反華勢力推波助瀾；黃媒顛倒黑白，黃師洗腦學生，還有大學校長包庇縱容：十一月，暴徒衝入大學，中大、理大先後淪陷，成為暴徒據點、堡壘、兵工廠，在校內「指揮室」行軍布陣，教授「抗爭路線」，包括游擊戰等；直到編輯此書時，「野狼式」縱火、炸彈襲擊的惡行仍不斷在這都市中倏忽閃現……

黑暴11月，馬鞍山李生慘遭暴劫全身四級燒傷，需要長時間救治護理；清潔工羅伯遭受飛磚擊頭，翌日更不治身亡。

除夕元旦之交，逾半年的黑暴之火仍在街頭燃燒，香港市民的新年願望是：

停止黑暴，重回正軌。

6

6·9
·唯恐天下不亂！民陣
發起第三次所謂反修
例遊行，民陣宣稱103
萬人參加遊行，警方
指最高峰時有24萬
人。

6·10
·佔禍噩夢再臨！民陣遊
行後，10日凌晨數以百
計暴徒衝擊立法會大樓。

6·12
·立法會原擬就《逃犯條例
（修訂）草案》恢復二讀，
大批暴徒以反對修例為名
將立法會包圍，金鐘淪戰
場！

6·15
·行政長官林鄭月娥宣
布無限期「暫
緩」修例。
·暴徒堵塞接
機大堂阻撓
旅客、唱衰
香港。

6·16
·亂港黑手再現！民陣
舉行第四次反修例遊
行，一眾反對派頭面
人物都有現身遊行隊
伍，「港獨」分子亦趁
機抽水。

6·21
·數千名激進亂港分子包
圍灣仔警察總部。另有
黑衣人圍堵稅務大樓、
入境事務大樓、灣仔政
府合署大樓等地，癱瘓
多個政府部門。

6·30
·滔滔民意撐警隊！

月

7・1

·暴襲立會！民陣發起第五次反修例遊行，結果，遊行隊伍中大批人從金鐘前往立法會，立法會外的暴徒趁聚集人數增多，開始兵分多路，強行闖入大樓。

7・7

·「港獨」分子劉頴匡發起九龍區遊行，大批暴徒到高鐵西九龍站外滋擾遊客，更一度佔據堵塞旺角彌敦道全部行車線至凌晨。

7・9

·行政長官林鄭月娥再度主動回應修例風波，誠懇承認政府工作「做得不好」，形容修例已「壽終正寢」。

7・14

·亂港分子又在沙田使出「先遊行，後佔領」的陰招。有暴徒在沙田新城市廣場瘋狂襲擊落單的警察。

7・20

·31.6萬市民無懼風雨，齊聚金鐘添馬公園參與「守護香港集會」。

7・21

·民陣發起所謂反修例的第六次遊行，暴徒違反規定路線轉往衝擊中聯辦，在中聯辦外牆噴上侮辱國家、民族的字眼，投擲墨水玷污國徽。

7・29

·國務院港澳辦新聞發言人楊光表明三點意見：第一，希望香港社會各界人士旗幟鮮明地反對和抵制暴力。第二，希望香港社會各界人士堅決守護法治。第三，希望香港社會盡快走出政治紛爭，集中精力改善民生。

月

8・3
・暴徒在油尖旺一帶大肆佔路，兩度堵塞紅隧，在尖沙咀警署外及油尖旺多條馬路淋汽油縱火、投擲燃燒彈，更有暴徒在尖沙咀碼頭拆走國旗、拋入海中。

8・5
・反對派發起「三罷」行動。

8・7
・國務院港澳辦和香港中聯辦在深圳共同召開香港局勢座談會，提出「止暴制亂，恢復秩序」是香港當前壓倒一切的急迫任務。

8・10
・「守護香港大聯盟」發起首個「全民撐警日」活動。

8・13
・逾萬名黑衣人佔據機場逾11小時，暴徒濫用私刑，圍毆內地旅客、無故毆打《環球時報》記者付國豪。

8・23
・「守護香港大聯盟」聯同香港的士司機從業員總會發起「守護香港 風雨同舟」大行動。同日，反對派參照1989年波羅的海之路行動，組織「香港之路」行動，聲稱有21萬市民參加。

8・17
・47.6萬市民參加「守護香港大聯盟」在添馬公園舉行的「反暴力、救香港」集會。

8・18
・民陣舉行第七次反修例遊行，未獲警方發出不反對通知書，民陣改為所謂「流水式集會」。

8・25
・暴徒大亂荃葵青，警方首次出動水炮車清場。有警員在荃灣二陂坊被圍攻，被迫開實彈示警。

8・31
・暴徒謠傳警方在太子站打死人，並借此推動暴力活動再次升級和蔓延。

月

9月

9·1

· 暴徒發起「機場交通壓力測試日」，造成機場嚴重混亂。全日更有至少 12 個港鐵車站遭到嚴重破壞。

9·2

· 政棍教棍意圖騎劫學界，開學日，十間大專院校學生會即煽動學生罷課。

9·3

· 國務院港澳辦發言人表示，香港局勢正出現積極變化但依然複雜嚴峻，現在已經到了維護「一國兩制」原則底線、維護香港繁榮穩定的重要關頭。希望香港特區政府和社會各界人士圍繞「止暴制亂、恢復秩序」進一步凝聚共識並付諸行動。

9·4

· 林鄭月娥發表電視講話，宣布正式撤回《逃犯條例》修訂。

9·15

· 民陣舉行非法遊行，暴徒在多處放火焚燒雜物。入夜後黑衣人在北角、炮台山等地多次毆打市民。

9·25

· 美國參眾兩院外委會通過《2019 年香港人權與民主法案》。國務院港澳辦發言人強烈譴責、堅決反對。

9·26

· 林鄭月娥與市民進行首次「社區對話」，歷時約兩個半小時。對話結束後，過千名暴徒竟包圍伊利沙伯體育館，意圖阻止林鄭離開。

9·28

· 大批暴徒預演「十一」包圍政總，政總附近的海富天橋被用作指揮台，暴徒用對講機指揮搞事。

9·29

· 「十一」前夕，暴徒變本加厲，多名市民和遊客被暴徒圍毆執行「私刑」。同日，民進黨在台北發起所謂「台港遊行」。

殤

10・1

· 民陣舉行非法遊行。暴徒在多處縱火，用致命武器襲擊執勤警員，致使30名警員受傷，並迫使一名在荃灣執勤的警員在生命安全受到嚴重威脅的情況下開槍自衛，擊傷一名正以鐵棍猛烈攻擊警員的蒙面暴徒。

10・4

· 《禁蒙面法》生效前夕，大批蒙面暴徒畏懼醜惡面孔暴露於陽光下，連夜絕地反撲，瘋狂縱火、襲警，大規模堵路，中資商户慘成發泄目標，港鐵因暴徒破壞而全線停駛。

10・5

· 特區政府根據緊急法制定《禁止蒙面規例》，於5日零時生效。

10・5-6

· 反對派議員入稟高等法院申請司法覆核，要求法庭就《禁止蒙面規例》頒布臨時禁制令，被高等法院拒絕。

10・6

· 亂港暴徒血腥私刑，私了成瘋！大批懼怕《禁蒙面法》的暴徒，妄圖延續「暴瘋之夏」，要讓不同意見的市民「滅聲」。

10・7

· 《禁蒙面法》實施後，首宗檢控案件在東區裁判法院提堂。兩名被告為 18 歲城市大學男學生和 38 歲無業女子，兩人涉於 10 月 4 日晚上至翌日凌晨在藍田參與非法集結及使用蒙面物品罪。

10・10

· 中文大學校長段崇智與師生對話，學生爆粗辱罵校長，包圍校長逾半小時，逼他聲明譴責警方，情況有如禁錮，最後段崇智公開表明下周會發表正式聲明，才能脫身。

10・15

· 美國國會眾議院不顧中國政府多次強烈反對，通過由部分議員提出的《2019 年香港人權與民主法案》。

10・16

· 行政長官林鄭月娥原定在立法會宣讀《施政報告》，遭反對派議員阻撓干擾，最終需以錄影片段形式發表《施政報告》。

10・23

· 陳同佳出獄，原擬赴台自首，但由於台灣當局不斷製造障礙，被迫暫時擱置。另外，保安局局長李家超於立法會會議上，正式撤回《逃犯條例》修訂草案。

10・29

· 林鄭月娥要求政府各部門主動參加「止暴制亂」。

10・31

· 中共十九屆四中全會強調嚴格依照憲法和基本法管治港澳。

月

殤

11・4

· 國家主席習近平在上海會見林鄭月娥，指出止暴制亂、恢復秩序仍然是香港當前最重要的任務。

11・6

· 國務院副總理韓正在釣魚台國賓館會見林鄭月娥，表示堅定支持特區政府採取更積極、更有效的舉措，解決好香港的民生問題。

11・11

· 在西灣河有暴徒襲警，企圖搶槍兼搶犯，港島交通部一名警署警長開三槍止暴，一名21歲暴徒右腹中槍。

· 在馬鞍山有暴徒向一名手無寸鐵的中年男子潑易燃液體，男子頓成火人。

· 另有暴徒佔領中大二號橋，截斷吐露港公路、往來新界的大動脈，事件持續數日。

11・13

· 在上水，有市民不齒暴徒惡行，群起清理路障，暴徒卻用飛磚襲擊旁觀的清潔工人羅伯，延至14日晚，無辜的羅伯終不治。

11・14

· 國家主席習近平在巴西利亞出席金磚國家領導人第十一次會晤時指出，將繼續堅定支持行政長官帶領香港特別行政區政府依法施政，堅定支持香港警方嚴正執法，堅定支持香港司法機構依法懲治暴力犯罪分子。

11・17

· 大批暴徒集結在理大堵塞紅隧、縱火、襲警，暴徒其後更躲藏在理大校內與警對峙，校園變「練兵場」。

11・18

· 高等法院裁定《禁止蒙面條例規例》違憲。全國人大法工委次日表示，香港特別行政區法律是否符合香港基本法，只能由全國人大常委會作出判斷和決定，任何其他機關都無權作出判斷和決定。

11・24

· 在持續暴亂影響下，區議會選舉如期舉行。投票率高達71.2%，整體投票人數超過294萬人，兩者皆創歷屆區選新高。反對派陰招盡出，千方百計阻撓、誤導選民投票，甚至公然「狙擊」建制派候選人，毀選舉公平。

11・27

· 美國總統特朗普不理會中國反對，簽署《香港人權與民主法案》和《保護香港法案》。

月

12・2

・中國外交部宣布對美涉港法案採取反制措施，決定自即日起暫停審批美軍艦機赴港休整的申請，同時對美國國家民主基金會、美國國際事務民主協會、美國國際共和研究所、人權觀察、自由之家等在修例風波中「表現惡劣」的非政府組織實施制裁。

12・7

・香港政研會發起「愛國護港」集會，逾三千名市民聚集在灣仔港灣道花園，表達反對暴力、維護法治、愛國愛港的心聲。

12・8

・民陣主辦的港島遊行再次演變成暴亂，高等法院以及終審法院門口相繼被縱火。

12・14

・繼本月 9 日在華仁書院發現遙控土製炸彈，警方於屯門小冷水路發現有人測試遙控引爆炸彈，三名男子被捕，其中一人爲中學實驗室技術人員，警方將他押返屯門聖公會聖西門呂明才中學調查。

12・15

・黑衣暴徒流竄全港各區至少六個商場，叫囂要「和你 Christmas Shop」，大肆破壞店舖，繼續狂向市民動「私刑」，欺凌婦女，嚇壞小朋友。沙田再淪黑暴重災區。

12・16

・國家主席習近平在中南海瀛台會見了到北京述職的香港特區行政長官林鄭月娥。習近平表示，將繼續堅定支持林鄭月娥帶領香港特區政府依法施政，堅定支持香港警方嚴正執法，堅定支持愛國愛港力量，並希望香港社會各界人士團結一致，共同推動香港發展重回正軌。

12・24

・平安夜不平安，亂港暴徒流竄多區大肆破壞及堵路，並多次襲警。商舖紛紛提早關門。入夜後，暴徒又向尖沙咀警署及旺角港鐵站掟汽油彈，並打砸旺角滙豐銀行。

12・31

・亂港分子在多區發起所謂「和你 shop」搞事。暴徒還在屯門輕鐵站附近投擲汽油彈，嚴重阻礙交通。跨年之時，暴徒在旺角彌敦道焚燒雜物及擲汽油彈，街頭火光熊熊，濃煙密布。

月

殤

哀

打得稀爛的街道，
烈火籠罩的城市，
何以我家無法安寧？

這城市一次又一次被暴力蹂躪，金鐘、中環、灣仔、銅鑼灣、油尖旺……一次又一次淪為「戰場」，為何？

這是香港嗎？馬路上，垃圾桶付之一炬，垃圾隨地棄置，被市民謔爲甲由的黑衣暴徒在鬧市中成群結隊出沒，橫行無忌；沒有了地磚的道路凹凸不平，路邊的鐵欄只剩光禿禿的鐵桿；亂港塗鴉抹之不去，牆壁、隧道「流膿」不止……

這是暴亂逾半年的香港：街上汽油彈燃燒後的焦黑難以消除，港鐵閘機損爛後的屏幕未及更換；銀行遭縱火，櫃員機被打壞了，只能像其他被不斷破壞的店舖如美心、星巴克一樣，用厚厚的圍板把自己包裹起來；玻璃碎了不必急着更換，修復怎及破壞快？交通燈是必須竭盡全力去修好的，道路安全太重要了，但暴徒不理，修好了 17 次，等着第 18 次砸爛它……

從 2019 年 6 月至 12 月，政府基本統計數字顯示，共有 740 組交通燈被打爛及損毀，當中油尖旺區最重災，有近半在維修後再被打爛、塗污、焚毀，更有同一組交通燈足足被暴徒破壞 17 次，其間因「交通燈失靈」引致的意外共有 20 宗。同期全港至少有約 52800 米欄杆被拆走，沙田區最多，共 8900 米；至於行人路路磚，累計約 21800 平方米被拆走，經常淪爲「戰場」的油尖旺區被撬起的路磚最多。僅僅是這些肉眼可見的損失，就已累計達到 6500 萬港元公帑。是的，還有 7 月 1 日砸爛立法會大樓，11 月破壞各大專院校，日復一日重複搗毀港鐵設施，還有其他，難以計量。

這半年多來，市民出門不用看「黃曆」，也知道必定有「黑暴」：由開頭集中在港島區鬧市，擴展到九龍、新界十八區，區區有暴；由周末節假日「出行不宜」，到天天打砸搶，沒有「平安夜」；從街頭暴力，到殺入商場、銀行，連食肆內的市民也被暴徒衝入趕跑；從抹黑、襲擊警察，到圍毆、「私了」市民。執法警察、無辜市民，被暴力衝擊、傷害流下的血和汗，每一滴都是香港的淚……

點解香港變成咁？硝煙瀰漫中的城市，暴火威脅下的人們身心俱疲地泣問：和平寧靜的香港哪裏去了？繁華穩定的都市呢？明明在說捍衛香港的民主自由，爲何我們卻失去了發表言論的自由和不受暴力威脅的自由？

金鐘

自 2014 年 9 月「佔中」演變爲「佔鐘」開始,金鐘多次成爲暴徒的據點,由金鐘港鐵站、海富中心到夏愨道、添美道交界經常被大批黑衣人堵塞,搬出各種路障圍封通往政府總部和立法會的馬路。

相對五年前的「佔中」,這大半年的暴動變得軍事化、系統化,也更兇狠。泛暴派的頭面人物、「港獨」分子也經常穿插在金鐘現場教路。海富中心附近是暴徒指揮小隊的據點,他們會以手機發出各樣行動指令,暴徒收到後,再以口耳相傳的形式傳遞。而物資車會停泊在據點附近,再由人手接力把物資運往指定地點。

港島暴亂
暴徒汽油彈襲警

2019 年 6 月 12 日夏愨道,磚頭、鐵枝在半空橫飛,在泛暴派的煽惑下,「佔中」噩夢重臨

023 哀

一批黑衣人衝出馬路，先佔據添美道，再進一步分佔夏慤道及龍和道。他們有備而來，隨身帶備了頭盔、面罩、手套、雨傘

平日繁忙的金鐘馬路，被暴徒重重佔據，有暴徒更在金鐘橋上向警察投擲汽油彈

在金鐘的巴士總站旁，一批黑衣人在馬路中心縱火，還拋出一堆溪錢

2019 年 8 月 5 日，假借七區集會之名發起暴力衝擊，下午三時左右，暴徒開始將水馬及鐵馬搬出金鐘夏慤道，佔據了兩邊的行車線，金鐘向中環方向及灣仔方向均被癱瘓

港島暴亂
水炮車噴射顏色
水柱驅散暴徒

2019 年 8 月 31 日，警方出動水炮車，並首次發射藍色水劑，用以識別暴徒，以便日後調查

黑衣人差不多每周末都會流竄各區,打「游擊戰」與警對峙,警方施放催淚彈驅散,但黑衣人已有「策略」應對──隔熱手套、自製盾牌,甚至帶備球拍,把催淚彈打回警方防線

當你們走上街頭縱火，揮舞拳頭行私刑的時候，你們以為躲在面罩下就能避過刑責、就能無法無天嗎？

哀

暴徒投擲汽油彈，試圖衝擊政總外的防線，
汽油彈的火舌在水馬上劃過

中環

中環與金鐘是「命運共同體」，暴徒經常在這兩區之間流竄。2019 年 11 月中旬，搞事者多次在網上發起所謂「和你lunch」的快閃堵路，煽動上班族趁午飯時間出來塞爆主要道路或商場，中環、黃竹坑、太古坊、九龍灣、觀塘及長沙灣等地也曾出現堵路「瘋潮」，其中在中環，由畢打街、德輔道中到置地廣場、國金二期等，也曾被搞事者「佔領」。他們或走出馬路，阻礙車輛行駛，令該區交通癱瘓；或走入商場中庭位置高呼口號，滋擾市民正常生活。

暴襲中環
市民怒斥其破壞 700 萬市民心血

從「佔禍」開始，這群黑衣人的暴力破壞愈演愈烈，鐵馬重重的景象，香港市民一點都不陌生

暴徒號召「和你 lunch」快閃堵路，煽動上班族趁午飯時間出來塞爆道路，他們撐傘蹲在馬路上，導致附近交通大亂

11 月 11 日下午，黑衣人佔據中環干諾道中一帶的道路，把鐵欄、行李手推車等堆放在馬路中，更有人焚燒雜物

路旁多個水馬被暴徒拆掉推上馬路，一排一排橫在馬路上，堵截了多條主要道路

大批黑衣人聚集在干諾道中，防暴警察施放催淚彈驅散人群，黑衣人快速地逃逸，有組織、有準備，如在鬧市打「游擊戰」

6 月 12 日，暴徒在金鐘、中環一帶發動大規模暴力衝擊，企圖阻撓立法會審議《逃犯（修訂）條例草案》

11 月 13 日中午，大批搞事分子於中環德輔道中非法集結，從行人路掘起磚塊堵路，附近交通癱瘓

黑衣人在中環德輔道中設置「竹竿陣」，西裝筆挺的上班族如跳竹竿舞般艱難通過

多月的「街頭激戰」，暴徒有策略、有預謀地堵路，其中一招是先將鐵馬排成三角形，以索帶綁緊

有暴徒從路邊取出水喉，向防暴警發射「水炮」，附近街道一片狼藉

黑衣人背後有「軍師」教路，前線有不同的分工，裝備兵在現場即時製作所
需工具，並手持樽裝水、隔熱手套等，以便盡快令警方施放的催淚彈失效

上環

暴徒多次藉遊行之名策動暴力衝擊。2019 年 7 月 21 日，暴徒下午參加完民陣遊行後，在金鐘、中環一帶霸佔馬路，又圍堵中聯辦大樓。暴徒先後向大樓投擲雞蛋、玻璃瓶、磚塊、油漆彈，大樓外的國徽被黑色液體玷污，中聯辦門牌旁及外牆被塗上侮辱國家、民族的字句，暴徒還狂言要成立「臨時立法會」。大樓外的閉路電視亦被暴徒塗黑遮蓋，中聯辦大樓近德輔道西的後閘更被撬開。警方晚上清場時，暴徒仍在上環一帶投擲燃燒物品、不明粉末及玻璃樽等襲擊警方，又搶走警員的盾牌及在馬路上縱火。附近的西區警署也遭暴徒圍攻，部分玻璃被擊碎。

7 月 21 日，大批暴徒在下午民陣遊行後，在金鐘、中環一帶霸佔馬路，又企圖圍堵中聯辦大樓，這群暴徒是有備而來，帶齊鐵棒、自製盾牌等武器

www.cmplus.com.hk

暴徒向中聯辦大樓投擲油漆彈玷污國徽，並在中聯辦門牌旁塗上侮辱國家、民族的字句

黑衣人擺出「雨傘陣」，阻擋警方的催淚彈

黑衣人把三個鐵馬紮起堵路，更不斷將防線推前

暴徒在上環一帶的馬路縱火，不斷把易燃物拋進火堆助燃，企圖阻礙前方的防暴警察推進

中聯辦第一時間更換國徽
國家尊嚴不容侮辱！

7月21日傍晚，大批暴徒
開始向中上環方向移動，
沿途堵塞馬路，有車輛被
迫要掉頭、逆線駛走，的
士、巴士受阻

暴徒在干諾道西西港城對出位置聚集，佔據多條行車線、行人天橋。有暴徒更手持鐳射筆，不斷照射警員

黑衣人帶各類裝備衝警隊防線，更向警方投擲磚塊等物品

黑衣人紮起「鐵馬陣」橫跨多條行車線，更在鐵馬上加裝堆貨板鞏固

鐵馬、馬路兩旁的欄杆等全被拆走，暴徒在堆起的鐵欄縱火，黑煙沖上兩層樓高

銅鑼灣

銅鑼灣有多個大型商場，是市民或旅客的購物消費熱點，但多次成爲暴徒的「戰場」，經濟損失難以估計。2019 年 8 月 31 日，暴徒瘋狂恐襲港九。暴徒從灣仔向銅鑼灣方向前進。晚上 8 時多，警方和暴徒在銅鑼灣展開陣地戰，暴徒不斷向警方防線投擲燃燒彈、磚頭等，警方施放催淚煙，又以水炮車射水還擊。其後暴徒縱火焚燒路障，企圖阻撓警方推進，部分暴徒退至維園一帶，並在英皇道天后段設路障堵路。警方雷霆執法，向維園一帶推進，拘捕多名暴徒。惟暴徒已「殺紅了眼」，竟群起追襲便衣警察，警員生命受威脅，被迫向天開兩槍示警。

港島暴亂
維園現疑似持槍人士

崇光百貨門外，暴徒把紙皮、垃圾桶等堆在馬路中心，再潑上易燃液體點火

045 哀

8月4日，暴徒在波斯富街公然縱火，用手推車運送着了火的垃圾桶及木條，製造「火車攻勢」，其間一度傳出爆炸聲

暴徒與警方對峙時有他們的「隊型」，前排的拿着雨傘或自製盾牌，阻擋催淚彈，其他暴徒會躲在「傘兵」身後

8月31日，暴徒繼續在全港各區搗亂。在鵝頸橋底，有防暴警把路中的火堆清開，讓警方的水炮車駛過

民陣原定於 8 月 31 日由中區遮打花園遊行至西環，警方發出反對通知書，多個亂港派政棍公然在港島發起「自由行」，聚集大批黑衣人

因為暴徒的打砸搶燒，原是
旅遊區的銅鑼灣，周末假日
黃金檔期也要提早關門

哀

049 哀

10月1日，搞事分子繼續衝擊港九新界，有黑衣人在崇光門外「撒溪錢」

「暴亂之火」由白天燒到深夜，黑衣人在鬧市中縱火，附近商店全面停業，交通全面癱瘓

冷血暴徒多次向防暴警投擲燃燒彈，地上留下一道道「火龍」

平日熙來攘往的銅鑼灣，在黑暴逞兇下，多少個周末街上只剩一群作惡的暴徒

灣仔

2019 年 8 月 31 日，民陣原定下午三時由中區遮打花園遊行至西環，在警方發出反對通知書的情況下，亂港派政棍竟在港島發起「自由行」。大批黑衣人分批前往金鐘、灣仔以及銅鑼灣一帶。灣仔警總外、軒尼詩道衛蘭軒對開的天橋底，有暴徒縱火焚燒路障，而用來築起路障的雜物堆內，有大量水馬，亦有貼着疑似易燃危險品標誌的筒狀物體，他們甚至從修頓球場搬出看台等物品。暴徒又不斷添加疑似汽油、松節水、鐵絲網、壓縮氣罐等助燃，現場火勢一度有兩、三層樓高，空氣中布滿刺鼻的燒塑膠味，至少傳出五次爆炸聲。火光橫跨整條軒尼詩道，黑煙沖天。

有暴徒在警總附近焚燒以水馬、欄杆等築成的路障，火光熊熊，黑煙沖天，橫跨整條軒尼詩道，其間傳出至少五次爆炸聲，空氣中布滿刺鼻的燒塑膠味

053 哀

暴徒以緊密的「雨傘陣」與警對峙，警方發射催淚彈驅散

暴徒把多個垃圾箱推出軒尼詩道，翻側橫臥霸佔多條行車線

黑衣人從修頓球場搬出金屬看台作路障，打橫攔截了軒尼詩道

暴徒的「標準裝備」，口罩眼罩遮面，用木板或膠板自製盾牌，配上隔熱手套，手持行山杖、雨傘或鐵枝等攻擊裝備

8．31 非法遊行
不滿堵路
市民清路障被暴力圍堵

有暴徒縱火焚燒路障，內有水馬、附近球場的看台等，亦有貼着疑似易燃危險品標誌的筒狀物體

8月11日，暴徒在銅鑼灣、灣仔、北角、
鯛魚涌等多區施暴，四處設路障癱瘓交通

暴徒經常以高強度鐳射筆在暴亂現場「掃射」，更專攻警員眼睛

暴徒在路中心焚燒路障，更不斷添加疑似汽油、松節水、鐵絲網、壓縮氣罐等物品助燃

黑暴不斷升級，每周在各區搗亂，害人害港

暴徒偷來附近地盤的搭棚竹枝，棄置於馬路中，附近交通全面癱瘓

暴徒的行動是有組織、有
準備的，他們戴上隔熱手
套，把警方發射的催淚彈
拾起後即擲回警方防線

西灣河

2019 年 11 月 11 日，有搞事分子受網上「大台」的煽惑到各區堵路「阻返工」，令市民「被罷工」。港島交通警員在東區走廊巡邏至筲箕灣道太和街時，發現有 10 至 20 名蒙面人用雜物堵路。一名警長嘗試移除障礙物，有 5 至 6 名蒙面人迫近，並呼喝：「唔好畀佢走」，其中至少一人手持鐵通。該警長拔槍戒備，此時一名白外套蒙面人迫近，警長嘗試拘捕他，但遇到反抗。正在此時，另一名黑衣蒙面人上前試圖搶槍。警長在自己及其他市民人身安全受威脅下被迫開槍，擊中黑衣人的右腹。白外套蒙面人向警員反撲，而另一名灰衣男從後箍警長頸，警長再開兩槍，但未擊中任何人。

西灣河
警遭夾擊　為阻止暴徒搶槍
被迫開槍

多名蒙面人在筲箕灣道太安街口用雜物堵路縱火，黑煙沖上附近民居

辉記

061 哀

11 月 11 日，黑衣暴徒非法聚集在西灣河，以雜物堵路

暴徒把多塊磚頭棄於西灣河港鐵站內的自動扶手電梯，並破壞該站的
B 出口設施，受事故影響，西灣河站需暫停服務

躲在面具下的暴徒不敢以真面目示人

黑衣人非法聚集在西灣河，並將附近街市的大量發泡膠箱置於十字路口，逼使交通中斷

暴徒到處打砸搶燒

旺角
佐敦

「旺角黑夜」自 2019 年 6 月以來差不多每個周末「無定向上演」，黑衣人經常突襲旺角、油麻地、佐敦一帶，毀交通燈、拆鐵欄、以各樣雜物堵路、縱火、打砸搶燒中資店舖⋯⋯多區商户聞暴亂色變，有「女人街」之稱的通菜街，甚至驚現全部排檔暫停營業的罕見景象。暴亂陰霾籠罩，鄰近街道的商舖趕在中午便提前「落閘」，車水馬龍的旺角鬧市頓時變「死城」。有商户大呻生意暴跌七成，慘況超越 2003 年「沙士」時期。有商户稱開店逾 30 年，因爲暴亂，首次「無錢交租」，擔心長此下去，各行各業勢進入「冰河期」。

10 月 20 日，暴徒在旺角亞皆老街聚集，向警方投擲磚頭

彌敦道來回的行車線多次被黑衣人佔據，九龍區的交通近乎癱瘓

旺角港鐵站多次成為暴徒攻擊的目標，玻璃全被擊碎，多個出口被雜物堵塞，暴徒甚至開水喉向站內注水

暴徒在旺角多處堵路縱火，更向警方投擲燃燒彈

暴徒在佐敦道一帶一輪「火攻」後，躲仕「雨傘陣」後繼續向前推進

暴徒拋出小型石油氣罐引
起了爆炸，爆出的火焰沖
向樓上

黑暴在全港肆虐，暴徒公然在主要道路縱火已成常態，水馬、巴士站牌、竹枝等全被暴徒用作搭建路障

11 月 8 日，假借悼念科大生周梓樂之名，逾百名暴徒在油尖旺一帶聚眾生事，其後更向在場約十名警員投擲「磚頭雨」突襲

9 月 6 日晚上，暴徒繼續四處流竄，分別在亞皆老街新之城對開和山東街馬路口縱火

暴徒把行人路的磚塊掘起作為投擲武器。圖為朗豪坊對出一帶，路面全是碎裂的磚塊

暴徒在亞皆老街縱火，有暴徒加入助燃液體

9 月 22 日，暴徒在晚上九時後流竄到太子站旺角警署外聚集，拆毀欄杆，加上垃圾桶及紙皮雜物堵塞太子道西及彌敦道縱火

旺角變得如「死城」一般，朗豪坊外滿目瘡痍，一片狼藉

暴火焚城！黑暴肆虐各區，全港狼煙四起

尖沙咀

　　2019 年 10 月 20 日，民陣原定在尖沙咀發起遊行，警方發出反對通知書，「泛暴派」卻聲稱以個人名義「承辦」，繼續煽動暴徒上街搞事。過千名蒙面黑衣暴徒中午 12 時在尖沙咀梳士巴利公園集結，非法遊行的終點為西九高鐵站，非法遊行結束後暴徒隨即到處堵路破壞，警署和警員成為主要襲擊目標。下午三時左右，暴徒包圍尖沙咀警署，有暴徒在閘門外小便挑釁。警方施放多枚催淚彈驅散，暴徒熟練地將催淚彈放入防水袋。有暴徒轉戰警署彌敦道正門，投擲多枚汽油彈，警署閘外至少有兩個火頭。晚上，暴徒更在旺角彌敦道馬路上擺放多個寫有「會爆」、「手足勿近」的紙皮箱，製造炸彈恐嚇。

11 月 18 日晚，尖沙咀、佐敦均有暴徒聚集，聲稱支援理大學生，暴徒流竄到漆咸道南、梳士巴利道、紅磡漆咸道北、蕪湖街、加士居道及柯士甸道，堵路、縱火、與警對峙

075 哀

黑衣暴徒在栢麗購物大道聚眾搗亂，一名暴徒拾起地上的催淚彈，扔回警方的防線

一名暴徒手持網球拍，把催淚彈打回警方，黑媒大做文章，將暴徒英雄化，自此暴亂現場多了各類球拍

暴徒在行人天橋口放火，隨時危及無辜市民

尖沙咀警署多次遭暴徒襲擊，圖為暴徒向警署瘋狂投擲汽油彈

暴徒的行為愈來愈瘋狂，
在人群密集的地方點燃汽
油彈亂扔

泯滅人性的暴徒到處縱火破壞，尖沙咀彌敦道聖安德烈堂對開的巴士站遭焚毀

暴徒把一堆欄杆搬出尖沙咀 K11 對開，令梳士巴利道來回四條行車線全被堵封

10月20日，「泛暴派」原定在尖沙咀發起遊行，警方發出反對通知書，「泛暴派」仍煽動暴徒上街搞事，中港城一帶被大批黑衣人迫爆

7月7日，「港獨」分子劉頴匡發起所謂的九龍區遊行，西九站、戲曲中心一帶的道路全被佔據，令高鐵站「半癱瘓」，全日客量暴跌五成

2019 年 10 月 20 日，暴徒包圍尖沙咀警署，
有暴徒在閘門外小便挑釁，更有暴徒向警署
投擲多枚汽油彈，警署閘外至少有兩個火頭

深水埗

　　黑衣暴徒無視警方發出反對通知書，2019 年 8 月 11 日，發起深水埗非法集會。數以百計的黑衣人在楓樹街遊樂場聚集，繼而霸佔長沙灣道西行線。警方表明，在場人士正參與「未經批准的集結」，屬違法行為，但暴徒未有理會，進一步分兩路搞事，部分人在長沙灣政府合署設置路障，另一批人則將深水埗警署團團包圍。警方約在下午五時開始施放催淚彈驅散暴徒，暴徒經長沙灣道四散撤退時向警員投擲汽油彈，馬路上多處火光熊熊。部分人再計劃偷襲長沙灣警署，有人則流竄至深水埗港鐵站，轉往尖沙咀破壞。

深水埗有的士司機被打至頭破血流
車輛被破壞

暴徒有明確的分工，建築兵負責帶備大鐵剪、鯉魚鉗等工具拆卸圍欄，拉起鐵馬組織防線；攻擊兵則負責正面衝擊警方防線，擲磚擲燃燒彈等

083 哀

暴徒發動 10‧1 連環恐襲，衝擊港九新界，長沙灣政府合署被暴徒肆意破壞，玻璃外牆盡毀，更有暴徒向署內擲汽油彈，政府合署頓成火海

年輕人，你知道你正被可惡的政棍推向深淵嗎？

曾經，這是我們熟悉的街道，有老字號的商店，充滿感情的人與事……黑暴令這一切停頓

黃大仙

2019 年 8 月 5 日早上，暴
徒以堵塞港鐵和各區交通掀起
破壞的序幕，下午則假借七區
集會之名發起暴力衝擊，最終
演變成 13 區暴力騷亂。其中在
黃大仙，暴徒多次走出龍翔道，
搬出鐵馬及水馬堵塞，更向在
場警員扔磚，附近交通嚴重癱
瘓。其後，警察向龍翔道及黃
大仙廣場暴徒發射催淚彈，暴
徒往荃灣方向後退。

而在泛暴派的煽動下，暴
徒的仇警情緒高漲，黃大仙紀
律部隊宿舍多次成爲襲擊目標，
暴徒塗鴉外牆，噴上粗言穢語，
更向宿舍擲磚塊，多個單位的
玻璃窗碎裂，有磚頭甚至直飛
屋內，隨時擊中住客，行爲令
人髮指。

這是我們熟悉的香港嗎？
為何硝煙彌漫？
為何磚頭橫飛？

8月5日，黑暴籠罩13區，港鐵服務、全港交通幾近癱瘓。有黑衣人在黃大仙堵塞主要道路，還攀上巴士站頂「耀武」

手執磚塊的暴徒，正準備發起攻擊。「泛暴派」的政棍，竟一再說這是一班手無寸鐵的年輕人！

汽油彈、磚頭、專業的防護面罩、多功能手套⋯⋯這些已成為暴徒的「標配」

10 月 1 日，暴徒在龍翔道縱火，現場傳出爆炸聲

大批暴徒在黃大仙中心附近聚集，掘起地上的磚塊作武器，蹲在地上準備進攻

黃大仙中心對開一段龍翔道，被暴徒用運貨板、垃圾桶、路牌等堵塞，來往的交通再次被癱瘓

手執不鏽鋼碟、雨傘的暴徒負責對付催淚彈

經過多次的「街頭戰」，加上背後的「軍師」教路，暴徒每次上陣均有備而來

暴徒從早到晚在黃大仙各
處破壞，更在龍翔道縱火，
現場一度傳出爆炸聲

黑衣人在警方防線前組成「傘陣」，十多人一組，撐着傘蹲下來，或緩緩前行，或停下來作防守準備

維護香港法治精神，警察執法絕不手軟。年輕人不要天真！不要以為躲在面罩下就能任意妄為，就可以逃避違法責任

九龍灣

2019年8月24日，九龍「和平遊行」迅速演變成暴力衝突，泛暴派政棍繼續在現場「左穿右插」，不斷阻礙警方執法。暴力分子有組織、有計劃地在九龍多區將暴力升級，暴徒在觀塘、牛頭角、九龍灣、彩虹、黃大仙、深水埗流寇式打「游擊戰」，其間投擲磚頭及燃燒彈施襲，有暴徒舉槍指向警方，儼如恐怖分子。暴徒又以「侵犯私隱」為藉口，在九龍灣常悅道破壞多支智慧燈柱，他們手法非常熟練，短時間拆開智慧燈柱，將內裏的藍牙定位裝置及硬碟取出，又破壞電線等供電系統。有暴徒以電鋸鋸斷燈柱，數十名暴徒再用繩將燈柱拉斷，約七米高的巨型燈柱轟然倒地，險象環生。

在特區政府籌建對話平台，積極為香港尋找出路之際，暴力分子卻有組織、有計劃地在九龍多區將暴力升級，企圖拖垮對話「攬炒」。8月24日，橫跨大業街的行人天橋被黑衣人佔據，車輛、行人完全不能通過

2097 哀

暴徒竟以「侵犯私隱」為藉口，到九龍灣常悅道破壞多支智慧燈柱。有暴徒用電鋸鋸斷燈柱，然後再用繩將燈柱拉倒。七米高的巨型燈柱轟然倒地，險象環生

暴徒手法熟練，短時間拆開燈柱，將內裏的藍牙定位裝置及硬碟取出

有暴徒流竄至九龍灣德福廣場，繼續肆意破壞，嚴重影響商店營業，該區居民亦人心惶惶

有暴徒取出水喉向商場及平台射水。當防暴警察推進至德福廣場，有暴徒從德福平台高處投擲硬物，企圖空襲警員

觀塘

　　亂港暴徒流竄各區，摧殘港九新界，2019年8月4日黑衣暴徒以「快閃」方式，在將軍澳、西環、銅鑼灣、灣仔、紅磡、黃大仙、觀塘、天水圍等多區野貓式攻擊，包括縱火、再堵紅隧、塗污金紫荊雕塑等，暴徒所到之處一片狼藉。大批暴徒在觀塘架起路障「封路」，企圖包圍觀塘警署，並向警署投擲磚塊等物體。晚上近11時，觀塘道近觀塘站及鯉魚門道的路段受阻下，有九巴車長在觀塘道觀塘站 D2 出口外，試圖落車移開堵路障礙物時，被暴徒襲擊，司機被推向巴士車身，受傷昏迷倒地。

8月4日，暴徒繼續在全港13區搞事，其中在觀塘區，暴徒衝出馬路，以鐵馬雜物攔截道路，多架巴士、私家車被困

8 月 24 日下午約 4 時許，警方於觀塘偉業街一帶驅散堵路黑衣人，其間有黑衣人向警方投擲燃燒彈及磚頭等雜物，警方多次警告無效後施放催淚彈驅散

8 月 24 日，警察在觀塘偉業街一帶進行清場，並向彩虹方向驅散暴徒。其間有暴徒向警員投擲磚塊等雜物

持續大半年的黑暴，堵路縱火無日無之，市民的生活何時才能回到正軌？

暴徒除了向警方投擲燃燒彈，亦取來搭棚用的竹枝作武器，如擲標槍般向警察防線投擲

荃灣

2019 年 8 月 25 日，「荃葵青遊行」又再演變成大型暴亂，暴徒在遊行起點葵涌運動場，降下國旗，拋在地上任人踐踏侮辱，有人更一邊揮動美國國旗，一邊踩踏五星紅旗。大批暴徒在荃灣、葵青等多區「打游擊」搞破壞，其間以燃燒彈、汽油彈等高殺傷力武器瘋狂施襲。警方在行動中首度出動水炮車驅散暴徒，但暴徒仍多番集結，四處作惡。入夜後，暴徒更加瘋狂，到荃灣二陂坊衝擊麻雀館，以鐵棍打碎門口玻璃，破門而入，在店內瘋狂打砸，暴徒所到之處一片狼藉。更有逾百個暴徒以鐵通、棍矛圍攻數名警員，其間有警員受傷倒地，六警先後拔槍，有警員被迫向天鳴槍。

荃灣暴亂
警方首次出動水炮車

8 月 25 日，荃葵青遊行再演變成大型暴亂，從葵涌運動場起步後不久，暴徒就原形畢露，四處以雜物阻塞交通，在楊屋道東行線用水馬堵路，暴徒竟推少年幼童上前線

大批暴徒全副武裝與警對峙，手持長鐵通、長棍、自製長矛等，一層一層的人浪向前推進

三名暴徒以大型橡筋配上
磚塊，化身「人肉丫叉」，
對準警方的防線彈射磚塊

兇狠的暴徒不斷向防暴警投擲磚頭、燃燒彈，街道上滿布磚塊玻璃瓶，警方唯有施放催淚彈驅散

暴徒變本加厲
荃灣騷亂驚現燃燒瓶

暴徒在楊屋道市政大樓對
出與警方對峙，附近多個
商場提早關門

哀

荃灣楊屋道街市附近，大批暴徒非法佔據

8月25日，警方在荃灣的行動中首度出動水炮車驅散暴徒

暴徒在荃灣的大街小巷與警方作「攻防戰」，區內一片狼藉

暴徒的「跣警」陰招層出不窮，他們針對警方推進路線，將冰粒倒在地上令路面濕滑

暴徒裝備和武器愈來愈齊備，暴力程度更是不斷升級。面對催淚彈與橡膠子彈，暴徒已有全套裝備應付

部分暴徒進入荃新天地商場，用雨傘等雜物封住商場大門

暴徒多次策劃「屠龍」殺警，當暴徒人數夠多，而速龍小隊成員衝前時，暴徒就會一齊向前衝，目的是對準一兩個警察圍毆

受暴亂影響，港鐵將葵芳站、荃灣站及荃灣西站關閉

有暴徒在路面倒滿洗潔精，企圖令警方經過時滑倒

暴徒向警察投擲汽油彈的場面，連月來幾乎無日無之

2019 年 8 月 25 日，入夜後，暴徒更加瘋狂，在眾安街以長棍、鐵通攻擊警員

元朗

在泛暴派及「港獨」分子煽動下，2019年7月27日，大批暴徒在元朗發動非法集會，公然圍困警車打爛車窗，包圍元朗警署，又投擲磚塊、摺凳、鐵通等衝擊警方防線，更企圖闖入圍村搗亂，有牌坊被塗寫侮辱字句。多個縱暴派議員又再到場為暴徒護航。現場所見，暴徒裝備、戰術皆有升級，包括穿着戰術背心等軍事化裝備，有人負責在大廈天台放哨，有人專門在暴徒扔磚時用擴音器聲稱「行動很和平」，擾亂警方，暴徒扔催淚彈的技巧亦見純熟，相信經過指導訓練。警方入夜後拘捕暴徒時更搜出仿製槍械及鋼珠等，暴徒的武裝程度進一步提升。

2019年7月27日，在縱暴派及「港獨」分子煽動下，大批暴徒到元朗發動非法集會，迫爆元朗廣場對出多條行車線

暴徒「長棍隊」在元朗聚集，他們手上均帶備竹棍

暴徒與警方在朗業街朗日路對峙，南邊圍村對出的元朗站亦有逾百名黑衣人聚集

暴徒即使面對眾多媒體鏡頭，仍然向警方投擲攻擊武器

元朗泰豐街，有暴徒扔汽油彈。附近的店舖早已關門避禍

暴徒用上不同的材料自製
盾牌、膠箱蓋、垃圾桶蓋
等，行山杖亦成為攻擊武
器

暴徒在朗業街朗日路一帶築起「傘陣」，向警方推進

訓練有素的暴徒快速地躍過欄杆

整個元朗成為街頭巷戰的戰場，暴徒照慣常的做法，四處築起三角鐵欄陣防守，並有專門小隊應付警方的催淚彈

西邊圍外一批暴徒以大量磚頭、鐵枝不斷向警察施襲，亦有暴徒向警察投擲疑似自製煙霧彈，現場濃煙瀰漫

哀

元朗站被暴徒大肆破壞，站內設施被毀，大量物
件被堆在出入口處，出口鐵閘也被暴徒拆毀

暴徒在元朗街頭堆雜物縱火，更到處撒溪錢

入夜後警方展開清場行動，有暴徒在橋上以鐳射筆射向防暴警

警方把防線推至元朗站，讓在場市民經西鐵離開，暴徒趁機在站內混入記者當中，從高處向警察投擲磚塊及用消防喉射水，警方被迫進入站內執法

暴徒迅速堵塞元朗站，有暴徒站在入閘機上叫囂

沙田

沙田區多次成為暴徒的「據地」，新城市廣場及附近一帶道路也無一幸免。2019 年 7 月 14 日，亂港分子又在沙田使出「先遊行，後佔領」的陰招，多番暴力施襲隨時殺警，夜晚警方清場時，有暴徒在好運中心、沙田中心平台，從高空向地面的警員掟磚頭、雨傘、水樽等雜物。亦有暴徒在沙田新城市廣場「打游擊戰」，瘋狂襲擊落單的警察，窮兇極惡地用木棍、雨傘圍毆警員。10 月 1 日，暴徒發動連環恐襲，衝擊港九新界，鏹彈亂擲，暴火焚城，沙田亦不能幸免，有暴徒在民居附近縱火，又朝火堆投擲煙花爆竹。

暴徒在民居附近縱火，又朝火堆投擲煙花爆竹，險象環生

哭泣的城市 City in Tears 126

7 月 14 日，亂港分子又在沙田使出「先遊行，後佔領」的陰招，多番暴力施襲警員。入夜後，暴徒完全霸佔瀝源邨對開馬路

暴徒回擊催淚彈的手法十分純熟，拾起隨手一甩即拋向警方

10 月 1 日，暴徒衝擊港九新界，沙田區亦未幸免

7月14日，在新城市廣場內，有警員被多名暴徒圍毆倒地，暴徒以雨傘擊向警員頭部

暴徒的破壞力驚人，車站站牌被暴徒燒得熏黑，附近的休憩座位也被拆下，搬到馬路中心

上水
大埔

　　亂港分子的暴力魔掌持續伸向社區，襲警毆打無辜市民變本加厲。2019年7月14日以「反水貨客」為名發起的「光復上水」遊行，演變成大規模暴力衝擊，搞事分子肆意破壞社區，約百名暴徒在泛暴派及「港獨」分子煽動助陣下，以雨傘、鐵棍圍毆四名警員逾十分鐘。入夜後，搞事分子轉往區內商舖搗亂，他們把藥妝店門口的貨物扔向店內，又在落閘停業的店舖閘上塗上「反送中」等字句，閉路電視亦被遮蓋，有店舖招牌被拆毀。區內大量店舖落閘停業，生意大受打擊。

搞事分子到上水一帶的商舖搗亂，他們把藥妝店門口的貨物扔入店內，還聚眾堵塞商舖門口「倒人米」

8 月 10 日，暴徒摧殘九龍新界，他們搬出水馬堵塞大埔主要道路，區內商店亦提早關門，整個大埔猶如死城

暴徒四處破壞，又在落閘停業的店舖閘上塗鴉字句，閉路電視被遮蓋，有店舖招牌亦被拆毀

暴力魔掌持續伸向社區，他們到藥妝店搗亂，店員急忙拉閘關舖

7月11日，亂港分子以「反水貨客」為名發起「光復上水」遊行，肆意破壞社區，區內人心惶惶，商舖也提早關門

中大

　　培育無數精英的香港中文大學淪為戰場！暴徒無法無天，佔領中大校園，竟公然設「關」把守，檢查出入者，在校園內縱火燒車、築磚牆製火彈，肆意破壞學校設施……來自世界各地的學生連夜逃難，知識殿堂頓成一片廢墟……

視頻探秘　中大變暴徒軍事基地

中大校園淪為暴徒武裝基地，暴徒在校內設路障縱火，又偷取校園標槍等作武器，警方搜出未用的汽油彈超過 3900 枚

暴徒盜取中大校內的弓箭，又架梯設「瞭望台」，觀察警方行動

黑衣暴徒佔據中大校園後，縱火焚燒校園入口處的保安亭

中大暴徒用竹枝自製火炮台，向警方防線發射火球彈

裝備齊全的中大暴徒不斷衝擊警方防線，校園內到處火光熊熊

黑暴瘋行後的早卜
中大一片狼藉硝煙未散

中大浩劫過後 滿目瘡痍

暴徒用水馬、圍欄等設障
堵塞道路，又不斷向警方
防線瘋狂投擲汽油彈

二號橋附近馬路被暴徒用紙皮、鐵欄、輪胎等雜物堵住，現場一片雜亂

黑衣暴徒長時間在二號橋與警方對峙，瘋狂投擲汽油彈，現場一片火海

中大暴徒長時間在二號橋與警方對峙，其間又高空投擲大量雜物堵塞橋下的吐露港公路

大學站也被嚴重破壞，暴徒更朝列車掟汽油彈，車廂被嚴重熏黑

暴徒完全不顧乘客生命安危，在中大校外火車路軌上棄置大量雜物，列車被迫停駛

哀

理大

臨近交通要道紅隧入口的
香港理工大學被暴徒佔據13
日，其間暴徒縱火焚橋毀紅隧、
燒裝甲車利箭射警、偷實驗室
化學品製汽油彈、游繩爬渠避
追捕⋯⋯行動有計劃有組織，
甚至有詳盡的布防圖，昔日校
園如戰場，觸目驚心⋯⋯

直擊理大情況：
校內遍布危險品
飯堂廚餘爬滿蛆蟲

警方「銳武」裝甲車駛向暴徒設下的傘陣
時，遭狂掟汽油彈攻擊，裝甲車一度起火

143 哀

往來理工大學至港鐵紅磡站的行人天橋被縱火，橋下的馬路亦滿布暴徒扔下的磚塊和雜物

暴徒公然在馬路上堆滿大量垃圾和雜物縱火焚燒，令紅隧完全癱瘓

黑暴佔據理大後，將通往理大的多個入口均用大量雜物堵住

暴徒毫無人性，不顧附近居民安危，朝民居方向瘋狂投擲汽油彈

港九跨海交通主動脈紅磡
隧道遭暴徒瘋狂用雜物封
堵及破壞而封閉 14 日，
嚴重癱瘓港九交通

暴徒投擲大量磚頭、汽油彈和石油氣瓶攻擊警員，更試圖破壞裝甲車

黑衣狂徒無所不用其極，竟搬出石油氣罐襲擊警方裝甲車

暴徒在馬路上設下「磚陣」
阻礙水炮車和裝甲車前進，
並朝水炮車投擲汽油彈

暴徒向理大校園正門的噴水池投擲雜物和汽油彈，水池內的校徽被點燃

通向理大的行人天橋被縱火，火勢猛烈，濃煙密布，不時有火舌跌落橋底行車路

暴徒將桌椅和雜物搬上通過理大天橋的橋頂，準備空襲橋下途經的車輛和執勤的警員

裝甲車駛上暢運道天橋時，黑衣暴徒投擲大量汽油彈襲擊，橋面火光熊熊，冒出大量濃煙

搞事者分工精密，有哨兵通風報信，有武器兵在校內製火彈，暴亂現場亦常見手持弓箭的黑衣人

黑衣人為阻止裝甲車前進，焚燒用雜物堆
積的路障，火勢猛烈，不斷有爆炸聲傳出

151 哀

理大校內滿目瘡痍,到處可見暴徒設下的各式路障,警方搜出未用的汽油彈有 3800 多枚

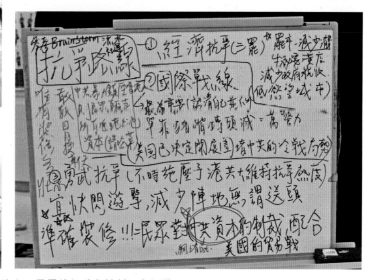

暴徒撤離後，校園內遺下大量汽油彈、武器及物資，從黑暴的抗爭路線亦可見暴徒行動有計劃、有組織

機場

暴徒圍堵成癮，爲了引起國際關注，竟不擇手段，禁錮毆打遊客記者、癱瘓香港國際機場，數百航班受影響，成千上萬中外乘客被困機場，十分狼狽，更有旅客誓言永不再來。黑暴所作所爲，令香港國際形象蒙污。

9.1機場非法集結
令人髮指 暴徒擲雜物逼停機場快綫

搞事者向機場快綫近機場站的路軌投擲大量鐵枝、石頭等，更有人闖入路軌，列車被迫暫停服務

155 哀

大批被困遊客與暴徒理論無果，要拖着行李箱徒步離開機場，亦有外國遊客被迫留在機場席地而睡

9·1大亂機場
東涌站遭嚴重破壞

9月1日，大批黑衣人士
無視法庭禁制令，湧入通
向機場的道路，癱瘓往來
機場的交通

7月26日，大批黑衣人在香港國際機場聚集，阻礙旅客出入境

街訪外國遊客：
香港的「示威遊行」
讓人感到害怕

航班受阻，被困機場的外
國遊客被嚇得流下眼淚，
更怒斥暴徒剝奪其人權和
自由

港鐵

每日載客逾 400 萬人次的港鐵突然成了黑暴攻擊目標！阻列車關門、打砸售票機、跳閘逃票、縱火灌水、打罵職員……受打擊的不止港鐵，更是千千萬萬乘搭港鐵出行的香港市民和遊客，暴徒口喊要自由，卻總是剝奪他人自由！

港鐵史上首次全線停運

暴徒在港鐵中環站近太子大廈的出口縱火，火勢猛烈，濃煙直湧站內

Central Station

RVLGARI

159 哀

黑衫軍瘋狂破壞之後，便竄上港鐵列車，擋住列車車門直至其他暴徒都上車逃跑

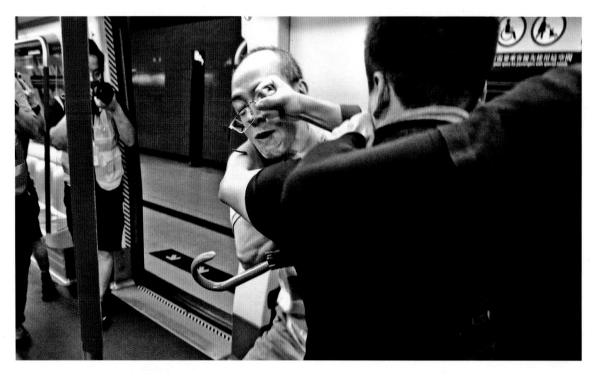

9月4日晚，港鐵一名休班站長被黑衣人毆打至眼鏡飛脫

頭戴面罩的黑衣暴徒砸爛港鐵站客務中心的玻璃，並闖入肆意破壞

蒙面暴徒打開港鐵站內的
消防喉，不斷向站內的閘
機射水破壞

港鐵站的入閘機約被破壞了 1600 次

暴徒的暴行令港鐵多次被迫關閉車站

85 個港鐵車站曾被暴徒搗毀

沙田站經常被黑衣人佔據

港鐵車站出入口的玻璃幕牆，約 1060 次被暴徒破壞

售票機、八達通增值機及客戶中心等設備約 960 次遭毀壞

灣仔站 Wan Chai Station

Welcome to the MTR

戴着防毒面具的黑衣狂徒在港鐵站縱
火之後，又不斷往火堆添加各種助燃物

黑衣人在早上繁忙時間堵塞港鐵站

暴徒集體搗亂，延誤列車開行

黑衣人刻意用背包等物件，阻礙車門關上

多名暴徒圍堵、挑釁上班市民

黑暴影響，港鐵被迫暫停服務，有市民到了車站才知悉車站已關閉

多個港鐵站損毀嚴重，有暴徒向站內注水，地上遺下大灘積水，圖阻撓警察追捕

蒙面狂徒闖入車廂，破壞車內的設備，阻止列車運作，又開傘遮掩惡行

梁振英：「黑衣暴力運動」目標是奪權顛覆

暴徒「打游擊」破壞各區，香港已無一處「淨土」！

全國政協副主席、香港特別行政區前行政長官梁振英在社交媒體撰文，發表對香港時局的看法，他指出，「黑衣暴力運動」的目標是奪取香港政權。

全文如下：

《逃犯條例》修訂引發的政治、暴力和國際問題仍然沒完沒了，不少人問：「點收科（如何收場）？」我想談點個人看法。

一、我們要對當前形勢有正確的戰略分析

首先，我們要有正確的戰略分析。「黑衣暴力運動」早已變質，運動的主角已經不是和平示威遊行的市民，運動的目標也已經不是「五大要求」，而是以暴力和其他非法手段癱瘓社會和推翻特區政府，奪取香港政權（regime change），改由反對派執政；篡奪中央政府根據《基本法》的權力，包括對行政長官和主要官員的實質任命權，免除主要官員對中央政府的問責，實行「去中央化」，將香港的高度自治篡改成「完全自治」，令中國對香港只有名義上的主權。

下一步是去中國化，香港實質上成爲獨立於中國的西方傀儡；再下一步是結合外部勢力，成爲顛覆基地，在中國內地複製「黑衣暴力運動」，改變內地的政治制度和進一步分裂中國。

二、我們要有正確的戰略定位

無論風如何吹，雨如何打，都改變不了香港是中國不可分割一部分的事實，也改變不了當今中國在世界上擁有龐大的政治、外交、軍事和經濟實力的事實。

香港社會和特區政府都必須認清這些基本事實，堅持這個戰略定位，用好用足中央的授權和國家的力量，配合好中央的部署，堅定立場、堅定信心，力求香港的長治久安，不求一時的風平浪靜，不應有思想束縛，不能有行動禁區，不要投鼠忌器，要與所有暴力分子和他們的主子金主們鬥爭到底，取得「一國兩制」的歷史性勝利。

暴徒經過之地都慘變「死城」，市面一片狼藉

三、要有戰略定力

特區政府和建制派，包括香港的工商界，必須對中央和香港克服困難的能力有充分信心，不能虛怯，不能自亂陣腳，成為心戰的犧牲品。1982 年中國政府宣布收回香港，以及 1989 年的風波，都曾經在香港引起不安甚至恐慌，眼前的困難不比當年困難，我們現在的力量比當年強大得多。

歷史證明，危機過後，香港不僅可以迅速復原，而且能夠用好國內外的新機遇，衝上更高更好的發展台階。

四、要做好全面戰略部署

「預則立，不預則廢」，特區政府和中央在《基本法》規定的體制內有一整套的政治、行政、財政、法律和武裝力量，包括可用而至今未用的各種力量；在必要時，除了這些香港體制內的力量外，中央還有更多更強有力的體制外的力量可用。我們要調動香港體制內、體制外的一切常規和非常規力量，做好短、中、長期的部署，也要做好常態和非常態下的部署。

五、「狹路相逢勇者勝」，要責無旁貸地切實執行、徹底執行戰略部署

要責無旁貸地切實執行、徹底執行戰略部署。從積極方面看，「黑衣暴力運動」已經犯下戰略性錯誤，為中央和特區政府提供了難得的趁勢犁庭掃穴的機會。未來幾年，需要做、可以做、值得做的事很多，裏裏外外全面治理、改革、整頓的工作都必須堅持到底。

全國政協副主席梁振英
2019 年 8 月 30 日

狠

兇殘的暴徒

這是厚厚的私刑罪證，
看吧看吧，兇殘的殺戮，猙獰的笑容，
聽吧聽吧，無辜的慘叫……

「誰大誰惡誰正確」歪風擴散，暴徒對無辜市民濫施私刑，對不義媒體恐嚇、封殺，看起來是黑色恐怖，實際上是要令香港市民歸順

「**夠**膽阻我哋，打咗佢先！」「講咩法治呀？呢度我哋話事，我話打你就打你，要你死你就要死！」

文明、法治是香港曾經享譽全球的金漆招牌，但在這大半年中，一群黑衣暴徒在面罩的掩護下，視法治如無物，肆意毆打市民，逼迫商户「歸邊」，就算法院也照燒不誤。他們在現代文明社會以「逆我者亡」的原始野蠻暴力方式，上演了「誰大誰惡誰正確」的黑暴亂劇。

2019 年 8 月 13 日，《環球時報》記者付國豪在香港國際機場採訪時，被暴徒用索帶綁在行李車上圍毆。10 月 6 日，鄭姓的士司機在深水埗遇上堵路，被暴徒從車上拉出來圍毆，打至血流披面。同日，藝人馬蹄露在拍攝暴徒破壞銀行櫃員機時被打至多處流血。

暴徒在瘋狂的打砸中喪失了最基本的人性。11 月 11 日，馬鞍山一行人天橋上火燒活人的恐怖事件震驚全港，57 歲李伯只因阻止在港鐵站破壞設施的黑衣暴徒，竟被淋易燃液體及點火燒成火人，全身四成皮膚嚴重燒傷。兩日之後，一批暴徒在上水飛磚攻擊清理路障的市民，被擊中額頭的 70 歲男清潔工羅長清送院後不治身亡。

拳打腳踢、火燒活人、飛磚奪命……這種赤裸裸的私刑在暴徒口中只是輕描淡寫的一句「私了」，而「私了」的原因並不是所謂的「政見不同」，而是如一個暴徒隨口說的一句囂張之語：「夠膽阻我哋做嘢，唔使問咁多，打咗佢先算！」對於港人引以為傲的法治，暴徒更是不屑一顧：「講咩法治呀？呢度我哋話事，我話打你就打你，要你死就要你死。問你怕未！」

黑暴一步步吞噬香港，把我們推向最危險的深淵，但為什麼這些從頭到腳武裝得有如恐怖分子的暴徒會愈加猖狂？究竟是誰在縱暴？泛暴派召集人陳淑莊被外媒追問為何要幫暴徒「火燒人」的行為找藉口時，她竟要求記者「要理解香港人的心情」；大律師公會主席戴啓思在 2020 年法律年度開啓典禮上，竟稱七個月以來的被捕暴徒有良好品格……

蒙住面容的暴徒很兇殘，蒙住良知的泛暴黑手更兇殘！

軍事化

黑暴背後有「大台」支持、「教路」，暴徒的裝備、戰術不斷升級及軍事化。他們的武器除了就地取材的磚頭、水馬、鐵欄、各類長短的木枝鐵枝外，爆炸性的有自製汽油彈、鏹水彈、火箭、大小型的石油氣罐。遠距離攻擊的有三人操作的「人肉丫叉」，于提式小型丫叉。射擊武器方面，曾出現仿製美軍 M320 榴彈發射器、高強度鏹射筆和瞄準鏡組裝成的「狙擊槍」，專攻警員眼睛。近距離攻擊則有「跣警陷阱」，在路面撒滿黑豆、彈珠，又或塗滿肥皂、洗潔精等，令警方經過時滑倒。暴徒亦有各式路障，如自製的膠管鐵釘陣，令經過的車輛爆軚；三角鐵欄陣，以阻擋防暴警前進清場，等等。

171 狠

地下化

暴徒口口聲聲稱自己沒「大台」，事實上幕後黑手一直在招兵買馬，並在 Telegram 上成立一個名為「SUCK Channel」的總公會，登記會員達 65,640 人。為掩人耳目，該總公會模仿手遊，將轄下 19「分公會」以「神獸戰隊」命名（詳見表），每個戰隊分工細緻，包括蒐集警員資料的「偵探師」，製作文宣、煽動公眾情緒的「鍵盤戰士」，以及四處縱火的「火魔法師」等。而該些分工會更統一受「大台」指揮調配，聽從號令隨時發動攻擊。

19 公會架構圖

總公會

- **1. 偵探公會**
  負責搜集、分析警員資料並「起底」
- **2. 僞術公會**
  負責改圖、改文和製造、散播謠言、抹黑警方、政府和反暴力的市民
- **3. 鍵盤狂戰士公會**
  負責海外宣傳，以及製作海報，煽動公眾情緒，帶領輿論風向
- **4. 前線公會**
  前線旗下 16 公會

前線公會	
1. 調酒師公會	收集配方和製造加料汽油彈、鏹水彈、煙霧彈、遙控炸彈等易燃易爆武器
2. 醫療公會	提供自我保護方案，以及在現場實施醫療救援
3. 裝備物資公會	準備或在現場提供武器、汽油彈、護具、糧水和食物券
4. 初級機工公會	負責技術及科技裝備支援，包括建立保密通訊和器材，電腦技術支援等
5. 哨兵公會	在警署外踩線，監控警方行蹤並報告給「大台」，為同黨提供逃走路線。共組成員 3,110 人
6. 結界師公會	佔用或強搶附近公用物資，或私人物品構築路障
7. 光魔法公會	由「火魔法師」組成，專責向警署、警員、公共設施和店舖投擲汽油彈、易燃液體、噴火罐。每次都由數十名「火魔師」一齊密集攻擊一個目標
8. 水魔法公會	投擲鏹水彈，用水槍射鏹水，及投擲「油漆彈」等
9. 裝修公會	隨身裝備鐵錘、鐵鉗、鋼剪等工具，打砸交通燈、港鐵站、剪電線等，並襲擊逾千間被列入黑名單的「藍店」
10. 黑魔法公會	專責噴黑漆塗寫標語和漫畫，亦與其他戰隊配合，研究如何以鐳射光挑釁、傘陣挑釁、假裝反衝鋒等戰術，引誘警方在民居施放催淚彈，加深警民矛盾
11. 滅煙隊公會	由早期向正冒煙的催淚彈淋水，到以不鏽鋼碟蓋住催淚彈，再後來則配備厚手套拾起反擲，用網球拍將催淚彈拍回警察防線，之後又出現將催淚彈放入防水袋、有蓋容器等，通常與黑魔法隊一齊行動
12. 蟲師公會	研究及試投木虱、頭虱彈，更研發甲由彈、屎彈、尿彈等
13. 空投師公會	潛行至天橋橋面和附近建築物高處，向警察防線投擲磚塊和汽油彈
14. 陷阱師公會	負責在路障附近潑灑洗潔精、紮車胎釘，製作各類型陷阱，用鐵絲於路口纏繞成「絆腳絲」、「割頸絲」，阻延警方推進速度，及令警方在突進時受傷
15. 拯救隊	扮記者、急救員、街坊，當有成員被捕時齊聚叫囂，伺機靠近警察突襲，搶走犯人。也有一部分人負責在現場記錄被捕者資料，以便聯繫律師團隊及時跟進，避免有疑犯「講錯嘢」，透露太多暴徒內幕
16. 誅狗族	專責襲警、殺警及圍毆不同政見的市民

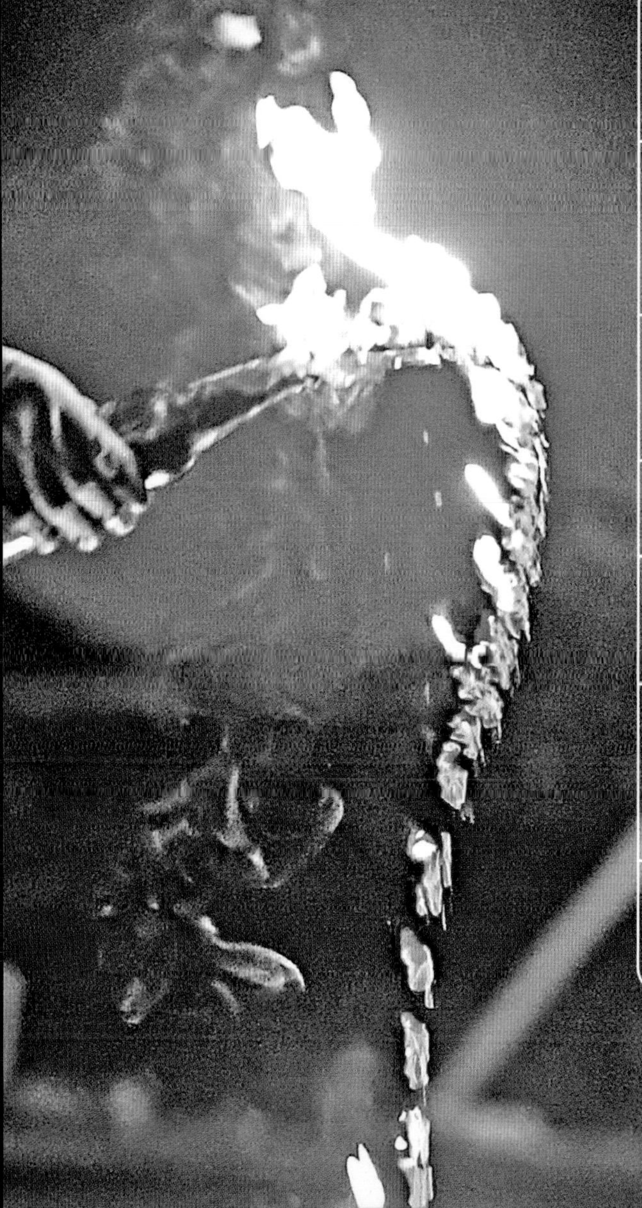

美國供軍火　寄港再組裝
「屠龍小隊」荷槍實彈

警方於 2020 年 1 月 17 日採取行動，在沙田廣源邨一單位拘捕一名男子，檢獲一支 P80 型號半自動手槍和 92 發子彈

在暴亂現場，有暴徒舉起仿製格洛克半自動手槍指向警方，該武器從美國寄來香港
getty image

激進武勇派「屠龍小隊」計劃 2020 年的春節前在集會遊行中伺機用真槍襲警，危害市民。警方於 1 月 17 日採取行動，在沙田廣源邨一單位拘捕一名男子，檢獲一支 P80 型號半自動手槍和 92 發子彈，當中 47 發已裝於 7 個彈匣。消息人士透露，警方在 2019 年 12 月截獲 10 個來自美國郵遞藏有槍械配件的郵包，O 記經深入調查及分析，相信槍械從海外郵寄，經香港的樂郵集運郵運到港裝嵌，相信疑犯是「屠龍小隊」成員。

集運寄港難追查

被捕男子陳 × 龍（27 歲），涉嫌「無牌藏有槍械」。據悉，疑犯任職提款機維修技工，熟悉裝嵌槍械，經常從海外網購槍械配件，自行組裝手槍，供暴徒使用。

消息人士透露，涉案由美國網購的槍械配件包裹，經樂郵集運（LOTPOST）郵寄發貨到港，存貨在樂郵的土瓜灣美華工業中心的自取點。

警方有組織罪案及三合會調查科李桂華警司交代案情指，2019 年 12 月，警方偵破槍械及爆炸品案件，相信槍械是從國外郵寄到港再裝嵌，其後順藤摸瓜，繼而追蹤並拘捕了廣源邨這名 27 歲男子。疑犯以類似集運的方法將郵包運到收發點，並會用假名及假資料蒙騙執法機構其身份及真正住處，讓警方更難偵查。

多宗槍械案相似

李桂華表示，今次案件搜獲的證物，與 2019 年 12 月多宗槍械發現案件相似，如所搜獲槍械均是 P80 型號，槍械都是透過拆件運進本港，部分搜獲子彈皆是中空子彈等，有理由相信與過往案件所涉及的勇武組織有聯繫，相信組裝的槍械打算在未來示威或遊行中用以製造混亂和襲擊警員。

有組織罪案及三合會調查科楊耀宗警司說，警方於 2020 年 1 月 7 日至 10 日，在土瓜灣工廈檢獲十件郵包，全部由美國寄港，內藏 362 粒長槍子彈、150 粒短槍 9 毫米子彈、99 條引爆電線。另有槍械零件，包括瞄準器、前後準星和手把等。

境外奇槍　滿街炸彈　防不勝防

2020 年 1 月 1 日

警方搜查深水埗麗閣邨麗芙樓一單位，檢獲 6 支懷疑曲尺手槍、4 支懷疑左輪手槍、86 發子彈及一副手銬。警方以涉嫌無牌管有槍械或彈藥、藏有攻擊性武器及藏有仿製槍械罪名拘捕戶主夫婦。圖①

2019 年 12 月 23 日

元朗警區重案組追查偷車案時，持搜查令突擊搜查錦田公路凹頭高埔村一個目標貨倉，尋獲一輛墨綠色本田思域懷疑失車，又在貨倉內檢獲 12 把不同種類及尺寸的懷疑仿製槍，包括手槍及自動步槍，另有彈匣及膠製 BB 彈等。圖②

2019 年 12 月 20 日

警方在大埔翠屏花園拘捕 18 歲男子蘇緯軒，其疑為黑暴「屠龍小隊」成員。警方其後在大埔一單位檢獲一支 AR-15 長距離步槍、一支 P80 型號手槍及 200 多發子彈。圖③

2019 年 12 月 17 日

警方接獲北角模範邨一名 76 歲老婦報案，指於民祥樓住所發現一批懷疑槍械及彈藥，相信為其已故丈夫所持有。警方經初步調查，在上址檢獲 17 支懷疑氣槍、6 支懷疑仿製槍械及 20 發懷疑空包彈。

2019 年 12 月 8 日

警方根據情報，在炮台山道檢獲一支 9mm 半自動手槍、105 發子彈、4 個彈匣，其中 3 個已上滿子彈，另有 3 把匕首和軍刀，相信有人計劃在遊行集會中使用，嫁禍警員及傷害途人。圖④

發現爆炸品事件簿

O 記於屯門小冷水路偏僻處發現有人測試遙控引爆炸彈，當場檢獲少量化學品及遙控引爆裝置，三名男子被捕，其中一名被捕者為中學實驗室技術人員，警方將他押返屯門聖公會聖西門呂明才中學調查，了解是否有人從學校實驗室擅取化學品，或在學校製造炸彈。圖⑤

警方在華仁書院地基發現兩個土製炸彈裝置，藏有 10 公斤包括 HMTD 炸藥及硝酸鋁，可透過手提電話遙控引爆，威力達 50 至 100 米或以上，同時包含大量鐵釘，可造成大規模傷亡。

城市大學鄰近南山邨的出口發現危險品，玻璃樽內有約 500 毫升可製成爆炸品的有毒化學品，警察爆炸品處理課（EOD）即時引爆。

警方在荃灣城門水塘四號燒烤場附近，發現 59 樽包括濃硝酸等 20 多種化學品，不排除部分物品是較早前在中大或其他大學被偷走。

傍晚時分，暴徒在太子雷生春外擺放疑似爆炸品。一個有電線外露的紙箱放在塘尾道與荔枝角道交界，旁邊放有少量磚塊。警方拆彈專家首度出動，在下午 6 時半操控拆彈機械人將有關物品即場引爆。晚上 9 時 45 分，暴徒在旺角彌敦道馬路上擺放多個寫有「會爆」、「手足勿近」的紙皮箱。圖⑥

警方在目標單位搜出汽油彈及原材料，檢獲改裝手提電話裝置，相信用作引爆土製炸彈，同時發現多部無人機及投擲器，估計可用於空中投擲危險物品，兩名男子（17 及 23 歲）被捕，當中一人報稱學生。

警方在旺角花槽首次發現以手提電話遙控的土製炸彈，炸藥量達 50 至 100 克，屬高性能炸藥，若果炸彈在警員身邊爆炸，隨時奪命。

警方在荃灣一工廈搗破藏有「TATP」炸藥及燃燒彈的武器庫，檢獲大批印有反修例的標語，尖刀、彈叉及刀棍等攻擊性武器。

⑤

⑥

⑥

原料易到手 供應有渠道
暴徒汽油彈變種升級通街掟

有佔據中大的暴徒公然在自製汽油彈

佔領埋大的暴徒即場製作大量汽油彈

暴徒捆綁石油氣罐，製作「加料」汽油彈

黑衣暴徒口中的所謂「火魔法」即汽油彈，由於成本低、殺傷力大，原料可在市面輕易買到，早已成為黑暴的基本武器，而大學校園更淪為黑暴「兵工廠」。警方早前單在中文大學就檢獲近 4000 枚汽油彈，因為有幕後黑手源源不絕為暴徒「加油」。《大公報》調查發現，暴徒輕易取得燃料，最少有四大途徑，包括五金舖、汽車燃油、大學倉庫及「黃絲」贈送，有關原料明顯缺乏監管。

每枚汽油彈成本少於 2 元

記者走訪打聽多間鄰近大學的五金舖發現，白電油等汽油彈原料銷量急升，顧客都是年輕人或學生，購入目的昭然若揭。記者詢問五金舖和網上調查，發現一罐四公升的工業用白電油售價約需 55 至 70 元不等；假設以每枚汽油彈用 200 毫升燃料計算，每枚燃料成本少於 2 元。

有資深刑警向《大公報》透露，中大校園內搜獲的汽油彈燃料，主要是暴徒以泵和喉管抽走汽車汽油，校園內汽車幾乎無一幸免，亦有「黃絲」源源不絕輸送物資，以及校園內存放的易燃物品，玻璃樽則主要來自校園和鄰近社區的垃圾回收箱。警官形容暴徒主要從網上學習製作汽油彈，而且愈見「駕輕就熟」。初步刑偵分析顯示，化工學科的學生、裝修及地盤工人與製作汽油彈並無很大關聯，反映製作汽油彈暴徒「乜人都有」。警官又指出，「變種」和「加料」的汽油彈有明顯增加趨勢，除了簡單注入燃油的版本，亦愈來愈多見綁上火鍋用石油氣罐，加入生油、砂糖，目的令火勢更猛烈、更耐燒及產生更多煙。

汽油彈燃料來源

① 大學的實驗室、倉庫、機房的化學品，例：中文大學、理工大學
② 五金舖、露營用品、汽車用品店，例：國難五金
③ 「黃絲」公司大量輸送
④ 偷取汽車／電單車油缸

私刑

恐怖私刑，人神共憤！暴徒如野獸般肆虐全港，遇有政見不合或稍有不滿的，便會動用各種武力、武器將之「私了」。火燒活人、飛磚殺人、渠蓋擊頭、鐵錘瘋襲……招招攞命，血腥殘忍。

觸目驚心
暴徒於北角殘忍圍毆市民

私刑四陰招

　　暴徒已獸性大發，隨便找個藉口，周街為打人而打人，多名市民、遊客均被暴徒圍毆「私了」，他們執行「私刑」前，慣常使用四招引君入甕。

隨便搵藉口

　　例如鬧人「你做乜影我相？删相！」「你撕紙！」「你有份721（元朗白衣人事件）打人！」找個理由即發難。

撩人爆推撞

　　刻意挑釁目標人物，對方一旦擋格，出手或用身體推開時，暴徒即高呼「你打人！」

雨傘陣遮擋

　　用雨傘阻擋傳媒或其他人視線，由施暴者圍毆。

黑漆兜面噴

　　隨身攜帶噴漆，包圍目標人物，再噴黑他們的面。

喪心病狂！
9．15暴徒四處暴打市民

暴徒飛磚殺羅伯

2019 年 11 月 13 日，暴徒在全港堵路打砸燒，在上水，暴徒用飛磚打中 70 歲食環署外判清潔工羅長清。羅伯翌日晚上不治。

清潔工羅伯枉死暴徒手下，社會各界深感痛心，有心人為羅伯繪製一幅畫，祝願他一路好走

市民自發悼念：
我們不怕暴力 不做賣國賊

鐵錘瘋襲 街坊變血人

2019 年 11 月 11 日，旺角黑夜，一名中年男子被指「影大頭」，遭數十暴徒以磚頭、鐵錘及硬物圍攻，還被噴黑漆和淋紅油。暴徒瘋狂毆打數分鐘，男子最終不支倒地，慘成血人。

遊客都打 惡煞毆日男

2019 年 11 月 11 日，男子在旺角彌敦道及亞皆老街交界被暴徒指於現場拍攝，未及解釋即被逾 10 個暴徒拳打腳踢，血流披面。暴徒聽到該名男子說日語，只是拋下一句「打錯」一哄而散。

暴徒兇殘　活人變火球

2019年11月11日，十數名暴徒在港鐵馬鞍山站破壞，香港市民李伯看不過眼，試圖阻止暴徒破壞站內設施，但寡不敵眾，被暴徒圍毆，頭部受傷流血。李伯並未因此退縮，繼續追趕暴徒，直追至港鐵站外行人天橋。當時有多人掩護暴徒撤退，李伯勢孤力薄，憤怒斥責：「你們全部都不是中國人！」人群中，一個黑衣蒙面暴徒突然向李伯潑灑易燃液體，並即時點火。李伯瞬間變「火人」，場面極具驚悚，眾人驚呼走避。李伯全身四成皮膚二級燒傷，情況危殆。

私刑圍毆　小孩被嚇壞

2019年9月14日，一群暴徒在九龍灣淘大花園對開再次聚集橫行，有市民不忿他們的惡行，公開指摘他們，換來被私刑圍毆。有帶着小孩的男人亦被暴徒圍毆，小孩嚇得嚎哭嚎檔在男子前，希望擋開暴徒，滅絕人性的暴徒不理小孩哭喊繼續追打男子……

清障司機　遭報復毀車

2019年11月13日，理工大學對出，有私家車司機不懼暴力，獨自搬開暴徒在馬路正中所設的路障，卻遭暴徒以磚頭擊穿其座駕的擋風玻璃。

狼

意見不合「打咗先算」

2019 年 11 月 12 日，在中環環球大廈對出一帶，有正義市民對暴徒的肆意破壞看不過眼而發聲，隨即被大批暴徒圍毆，市民頭破血流，不支倒地，暴徒仍不收手，再度向其頭部拳打腳踢。泯滅人性的暴徒其後更向大批黨羽狂言：「條友夠膽阻我哋做嘢，唔使問咁多，打咗佢先算！」

喪屍暴徒　毆傷前港足

2019 年 10 月 26 日，多名搞事者堵塞元朗大馬路十字路口，有暴徒肆意破壞交通燈，港足前門將梁卓長亦被蒙面暴徒圍堵打傷。

正義途人　慘被打爆頭

2019 年 10 月 11 日凌晨零時 15 分，港鐵太子站外，一名正義途人經過港鐵站時，撕下出口位置的所謂「文宣」，立即遭十多人追打。正義途人奔到太子道西 157 號別樹華軒門外時終於不支倒地，他的頭部受傷。

多種武器　亂襲途人

2019 年 10 月 27 日晚上七時左右，一名男子在油麻地被暴徒懷疑是便衣探員，遭暴徒用縮骨遮、雪糕筒、路障等襲擊，男子倒地流血。

女人照打　兜心口飛踢

2019 年 10 月 13 日，一名女子在旺角與黑衣人爭辯，被拳打腳踢，更有黑衣人打開雨傘遮擋企圖「掩護」打人過程。無辜女子被圍毆，而部更被暴徒用油漆噴黑，女子負傷走避仍被追打，更有暴徒一腳踢向女子的胸口。暴徒的惡形惡相在鏡頭下沒有半點掩飾令人心寒。

羞辱市民　打完除底褲

2019 年 11 月 2 日，在旺角山東街，有正義市民忍受不了暴徒肆意破壞而挺身發聲，隨即被大批暴徒圍毆，用雨傘襲擊更拳打腳踢，正義市民已陷昏迷狀態，暴徒扯開他的內褲，當眾羞辱。

元朗街頭　黑衣人極惡

2019 年 9 月 21 日，多名市民在元朗遇襲，姚先生慘被暴徒拳打棍毆，甚至用鐵欄狂扑一分鐘，一名穿迷彩衣服男子「幫口」亦捱打，更離譜的是有人假扮記者，竟冷血地問姚先生「點解唔自殺？」

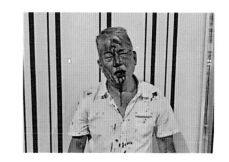

暴襲機場　血腥「刑場」

2019 年 8 月 13 日，逾萬名黑衣人佔據機場逾 11 小時，暴徒濫用私刑，圍毆內地旅客，拳打腳踢及淋水，旅客浴血昏迷，暴徒卻阻止醫護人員將他送院搶救，傷者被困機場逾五小時。有前線警員「落單」時被襲，又頸圍毆拳打腳踢，生命飽受威脅下一度擎槍自衛。深夜時分，暴徒再行私刑，無故毆打《環球時報》記者付國豪並以索帶綁起禁錮，付凌晨才被救出。

183 狼

> **我不是英雄，我只是熱愛香港的普通市民，聽從良知站出來而已。**

不滿暴徒　馬蹄露被襲

2019 年 10 月 6 日，藝人馬蹄露經過旺角街頭，眼見有暴徒正在毀爛銀行櫃員機，舉機拍攝暴徒惡行。多名暴徒立即衝出來打她，同時又向她噴漆，有暴徒更趁亂搶去馬蹄露的手提電話。馬蹄露受襲後，口角及頸部受傷流血。

> **只係唔滿意你哋嘅行爲就被打！**

斥阻收工　市民遭圍毆

2019 年 9 月 15 日，一名在灣仔剛下班的女子，出言薄責暴徒「阻放工」，即被暴徒搶去電話，更被打至頭破血流。

街頭逞暴　無差別攻擊

2019 年 9 月 15 日晚上，炮台山及北角不斷爆發街頭毆鬥，「貌似福建人」即被暴徒「無差別攻擊」，至少十人受傷送院。有市民在炮台山港鐵站外被大批暴徒打致遍體鱗傷倒地，亦有市民在康威商場附近被暴徒追打，暈倒地上。

無端被打，
我到底做錯咩？

無辜男路過突遭圍毆

　　2019 年 9 月 8 日，暴徒完全失控癲狂，無差別攻擊無辜市民！　一群黑衣人美國領事館外聚集滋事後，再前往銅鑼灣及金鐘一帶大肆搗亂，破壞公物及縱火，一名途經金鐘的市民，原來打算轉車到半山，但因道路交通受阻只能步行，怎料一班黑衣人先迎面撞倒他，再而不分青紅皂白抽傘圍毆。無辜男子慘被打至頭破血流，口鼻滲血，鮮血染紅了上衣，「起碼超過十人圍住我來打！」受傷市民悲憤質問：「我到底做錯什麼？」

我眞係路過，
點解要圍我同打我？

黑漆噴面　頭破血流

　　2019 年 9 月 27 日，一名中年女子在愛丁堡廣場遭暴徒以黑漆噴面及打至頭破血流，她表示：「我真係路過，點解要圍我同打我？」

粗暴攔截　扑爆車窗

　　2019 年 9 月 1 日，暴徒又在全港各區發動「恐襲」，製造恐慌，妖及多條道路，有私家車從柬廊落斜即被暴徒攔截，司機被毆，車輛「大銀幕」被扑爆。

 遭非法堵路砸車
市民泣問暴徒：
我是香港人
你們是什麼

185　狼

暴徒不單對無辜市民施以毒手，更惡意攻擊正義媒體。2019 年 8 月 31 日，暴徒於灣仔破壞、塗污《大公報》招牌，公然打壓新聞自由

所有正義嘅香港人，對唔住
我而家被 **FB** 滅聲
冇言論自由，冇公義之聲
講真話嘅媒體，又少咗一間

暴力不單在街頭發生，還延伸至網絡。《點新聞》的 facebook 從 2019 年 9 月起連續 9 次遭惡意封殺直至徹底剷除，30 多萬粉絲一夜被清零

大公文匯集團在全港的報架接二連三的遭暴徒損毀

暴徒害怕亂港真相曝光，瘋狂消滅正義之聲。2019 年 8 月 4 日晚，《大公報》記者在銅鑼灣正常採訪時被暴徒跟蹤毆打和搶劫，記者頭部受傷，包紮後欲離開，仍遭暴徒圍攻　　　　　視頻截圖

無綫電視攝影師在旺角被暴徒「點相」圍毆,攝影器材被暴徒砸到十米外的地上,再用鐵枝、磚頭、錘子等工具破壞

無綫電視記者在暴亂現場屢遭威嚇,採訪車車窗玻璃亦被打碎

暴徒將無綫電視攝影師的攝影器材打至粉碎

狠

正義市民自發清障
竟遭暴徒渠蓋擊頭險死

12月1日，正義市民廖先生在旺角清障時，被蒙面暴徒用渠蓋
擊頭，廖先生軟癱在雜物上，口吐鮮血　　　　　視頻截圖

2019年11月30日晚，暴徒又藉「831」太子站死人謠言上街搞事，他們在太子、旺角一帶堵路、縱火，燒壓縮氣罐引發爆炸，更有人向警車投擲汽油彈。

12月1日凌晨一時左右，十多名暴徒在彌敦道及旺角道的十字路口設路障。眼見黑暴分子無理堵路，一名53歲市民孤身上前清路障，市民遭在場暴徒不斷辱罵，隨即拿出手機拍攝現場情況。一位身穿淺色短袖上衣、黑色長褲及戴黑色鴨舌帽的健碩暴徒突然上前，拿起狀似渠蓋的硬物，狠狠擊向該名市民的頭部。被襲市民隨即倒下，口吐鮮血，失神數秒才稍為清醒，有人上前為他進行急救。清障市民身受重傷，冷血暴徒竟不斷嘲笑稱「你唔好扮嘢喎！」「耶穌話畀人打完左邊，要畀人打埋右邊。」

暴徒為毀滅罪證，將市民的手提電話偷走。市民負傷尋找電話時又被暴徒用雜物推了一下，暴徒還恐嚇他說：「你係咪未畀人打夠呀？」幾分鐘過後，多名防暴警察到場，暴徒鳥獸散。

有暴徒在旺角站出口焚燒雜物　　　　　電視截圖

2019年11月30日，暴徒再藉「831」太子站的死人謠言上街搞事堵路　　　　　法新社

狂徒蓄意謀殺何君堯
黑暴恐襲建制 區選黑色一天

11月6日，立法會議員何君堯在屯門海濱公園外行人路擺街站期間，遭狂徒以利刀刺向心口

何君堯講述遇襲險情：
同事被切斷手筋
自己險被捅到心臟

何君堯辦事處屢遭大肆破壞。一班狂徒在馬灣區議員譚凱邦帶領下，面對電視直播，公然砸爛玻璃門，損毀電腦和文件

2019年的區議會選舉遭受黑暴恐怖襲擊，11月6日立法會議員、屯門樂翠選區區議會候選人何君堯，遭狂徒謀殺式行刺，心口中刀，震驚全港！

當日早上八時許，何君堯在屯門海濱公園外行人路擺街站，派發競選單張，其間一名身穿藍衫及戴鴨舌帽的男子出現，手持黃色太陽花送給何君堯，並說：「大家都見到你嘅努力。」男子又要求合照，何君堯欣然答應。詎料對方突從斜揹袋中掏出一把十吋長黑色利刀，不由分說猛刺向何君堯心臟位置。何中刀後即退後閃避，幸刀鋒未貫穿胸部。兩名在其身旁的助理見狀迅速上前，合力制服兇徒。

何君堯被送院救治，他在病床上透過社交媒體表示，「建制派已被黑色勢力的威嚇所籠罩」，形容當日是「香港區議會直選上黑色的一天，競選秩序已經蕩然無存。」

有醫生指出，若非肋骨「擋一擋」，何性命堪虞。社會各界齊聲強烈譴責暴行，直指兇徒是蓄意謀殺。建制派並促請特區政府為區議會選舉營造公平公正的選舉環境。

何君堯屢遭暴力威脅

2019年10月29日

何君堯位於屯門美樂花園的議員辦事處被發現遭人縱火，辦事處門口玻璃及地磚被熏黑，部分貼在門上的海報小受到波及，警方列作「縱火」案處理。

2019年9月12日

何君堯位於屯門良田村的議員辦事處被發現玻璃窗碎裂，機器損壞，警方列作刑事毀壞案處理。

2019年7月23日

何君堯雙親位於元朗的墓碑被人發現遭噴漆、損毀，警方列作刑事毀壞案處理。

2019年7月22日

何君堯位於荃灣荃豐中心議員辦事處被人大肆破壞，警方列作刑事毀壞案處理。

暴徒恐襲　建制議辦「溶溶爛」

「黑色恐怖」籠罩整個社會，黑衣人聲稱要「爭取民主自由」，但市民不但沒有免於恐懼的言論、出行自由，建制派的議員更屢被暴徒針對，辦事處多次被打破門窗、塗鴉、搗亂、縱火。

民建聯：數十個地區及議員辦事處已遭受逾 80 次襲擊

工聯會：20 多個服務點、工人俱樂部、工人醫療所、工聯優惠中心，以及六個議員辦事處、三個工聯會地區服務處遭到暴徒惡意破壞

2019 年建制議辦多次成為襲擊目標

7 月 22 日，立法會議員何君堯在荃豐中心的議員辦事處，整幅玻璃牆和玻璃門被暴徒毀爛粉碎

8 月 4 日，民建聯立法會議員張國鈞辦事處，被暴徒嚴重破壞，玻璃門、牆和器具設施嚴重損毀

8 月 17 日，民建聯九龍城支部兼李慧琼及蔣麗芸立法會議員辦事處被暴徒投擲雞蛋塗污

10 月 1 日，工聯會立法會議員黃國健、何啟明在橫頭磡邨的辦事處被暴徒縱火

10 月 1 日，經民聯立法會議員梁美芬在石硤尾邨的立法會議員辦事處被暴徒縱火，冒出大量濃煙

10 月 4 日，民建聯立法會議員梁志祥在天耀邨的辦事處，被暴徒投擲三枚汽油彈

周浩鼎位於東涌的區議員辦事處三度遭破壞

張國鈞的辦事處被暴徒嚴重破壞，玻璃門、牆等全遭毀壞

工聯會有 20 多個服務點被惡意破壞

民建聯數十個地區及議員辦事處受到逾 80 次襲擊

我們要記住這些日子 控訴黑暴罪行

6·9	鐵錘電鋸無寸鐵	7·22	破壞議員辦事處	9·15	灣仔圍毆至暈倒	10·13	毆打噴漆旺角女
6·10	縱火衝擊好和平	7·22	南豐圍毆藍衣男	9·16	粉嶺黑漆噴男子	10·27	油麻地襲便衣警
6·11	死亡恐嚇要應承	7·24	搞人墓地再屈人	9·19	元朗診所遭刑毀	11·2	旺角昏迷兼侮辱
6·12	死線威脅掉磚頭	7·26	機場屈阿伯打人	9·22	元朗暴打眾街坊	11·9	將軍澳持續圍毆
6·21	稅務大樓玩 lift 門	7·27	偽造軍帽超搞笑	09·28	金鐘打愛國人士	11·10	向荃灣女士噴漆
6·21	警察總部被圍困	7·28	弓弩鏹水彈現身	09·29	銅鑼灣拳打腳踢	11·11	馬鞍山活火燒人
7·1	暴徒襲擊立法會	7·30	法院圍警車搶犯	10·1	中鏹虎 Sir 歷生死	11·12	血流披面在太和
7·6	暴徒搞油塘宿舍	7·30	政棍議員圍警署	10·3	黃大仙欺負老人	11·13	羅伯慘被磚頭砸
7·7	非法禁錮女商人	8·13	機場禁錮世界知	10·4	汽油彈襲休班警	11·13	中環戴口罩行私
7·14	沙田警被咬斷指	8·13	禁錮毆打付國豪	10·6	深水埗毆打司機	11·14	太和焚車打司機
7·15	圍新城市求冷氣	8·24	失智毀智慧燈柱	10·6	旺角圍毆馬蹄露	11·17	暗箭難防警遭殃
7·20	炸藥基地曝光	8·30	休班警員捱二刀	10·7	沙田開車門追打	11·30	旺角梁齊陷殺人
7·21	司機被毆車被砸	9·14	九龍灣推跌掌摑	10·11	太子撕文宣遭殃	12·1	街霸甲由佔沙咀

黃國健、何啓明在橫頭磡邨的辦事處遭縱火

民建聯鍾港武議辦遭大肆破壞

僞

彌天的謊言

謠言是即造即賣，
真相卻要時間廓清，
謊言的傷害，我們承受得了？

「泛暴派」製造「8‧31太子站死人」的謠言，將港鐵太子站 B1 出口包裝成靈堂

彌天的謊言、似是而非的假消息，無孔不入的造謠文宣，是亂港分子煽動和延續暴亂的重要手段。

2019 年 8 月 11 日，一名穿黑衣黑褲、配備眼罩、手袖等裝備的女子，在尖沙咀警署外涉嫌參與暴動期間，眼睛被不明物體擊中。泛暴派迅即抹黑警察，稱是發射布袋彈所致，泛暴派和黃媒更是借此連日大作文章。

8 月 31 日，暴徒在港鐵列車上襲擊市民，警方「速龍小隊」接報到場，在太子站月台拘捕多名暴徒。泛暴派竟於當晚放出謠言，抹黑警察打死人，又「神速」地在太子站外設置「靈堂」，聚集一堆「戲精」悼念「死者」。在面對「死人何在」的質疑下，暴徒文宣可以荒謬到聲稱死者的家人、親戚、朋友、同學等均遭滅口，故找不到人證。更可笑的是，公民黨楊岳橋、民主黨尹兆堅、何工聚麗恩等等，先後在立法會稱有人在太子站被打死，蠻橫指摘警方。直至 12 月 6 日，有傳媒作出證據確鑿報道，「太子站 6 人全在生」，謠言破滅，造謠者又在密謀下一波亂港謠言。

9 月 22 日，就讀於職業訓練局旗下青年學院的女生陳彥霖，被發現浮屍於油塘一帶海面。泛暴派馬上聲稱陳彥霖是被殺，抹黑警方打死她後棄屍海中。警方調查後確認死因無可疑，傷心的彥霖媽媽亦公開表示，女兒是自殺，要求停止造謠。不過亂港暴徒仍藉此事大肆破壞校園、發動暴亂搞事，又惡毒攻擊陳彥霖的媽媽。泛暴議員還在立法會持白花默哀做騷，消費死者，為暴徒惡行張目。禍港利己，無恥者無下限。

連月暴亂，彌天謊言又何止此三例，「Fact Check」成為網絡潮語，如果每位市民都有求真精神，那麼，亂港謊言即使說上一千次，一萬次，也不會成為真理！

科大生墮樓悲劇
泛暴派造謠誣警

11月4日凌晨，將軍澳尚德邨附近的馬路上爆發警民衝突。香港科技大學學生、22歲的周梓樂於凌晨1時05分被發現倒臥尚德邨停車場二樓，腦部、盆骨等多處受傷，他被送院搶救延至11月8日離世。坊間對周同學墮樓原因，以及從他受傷到送院期間是否因警方阻攔而延誤救治、當日為何出現在停車場等均有猜疑，但各種說法都真假難分、疑點重重。

謠言一： 周同學因躲避警方催淚彈而進入停車場？
實況： 射催淚彈位置與現場距逾120米

警方指出，當日零時41分在停車場外（往廣明苑方向推進期間）施放催淚彈，而周梓樂是零時20分進入停車場。記者事後親到現場觀察，發現周同學墮樓位置與警方朝停車場發射催淚彈的位置，距離逾120米，顯示坊間稱周為躲避催淚彈而進入停車場的說法不成立。

謠言二： 警方阻礙救援？
實況： 私家車阻路，救護員徒步前往

對於網傳救護車被警車阻擋的影片資料，消防處助理救護總長（九龍東區）梁國禮澄清，當晚奉召救援周梓樂的A344號救護車，到達唐明街後，離遠已看到前方有雙層巴士及私家車等車輛停泊，救護車隨即選擇由尚德邨停車場B的路口進入，經唐明苑前往現場，抵達廣明苑廣盈閣附近時遇私家車阻路，三名救護人員立即徒步前往傷者位置。

謠言三： 警方事發時在停車場？
實況： 事發時沒警察在停車場

警方開記者會交代，表示翻查附近屋苑及商場更多閉路電視片段後，承認警方首次進入停車場時間為11月3日晚上11時06分，逗留約10多分鐘後（晚11時20分）離開停車場。警方又發現死者周梓樂在3日近凌晨零時離開寓所，經富康花園對出天橋進入尚德邨停車場，並一度以正常速度在停車場二樓徘徊。東九龍總區高級警司（行動）傅逸婷說：「關鍵時間時由死者進入停車場，至警察發現死者由高處墮下，也是沒有警察在停車場內。」

謠言四： 警方故意推周梓樂落樓
實況： 警方在周梓樂墮樓後才進入停車場

10段閉路電視片段均未有拍到周梓樂墮樓的經過，而片段的拍攝時間相信是由他墮樓前已開始。在他墮樓直至被發現，其間沒有拍得警員影蹤，更遑論是「推人落樓」的經過。

周同學墮樓的位置，距離警方發射催淚彈的位置逾120米，顯示坊間稱周同學為躲避催淚彈而進入停車場的說法並不成立

領展公開的其中一段閉路電視片段所見，與周梓樂衣着完全相同的人在二樓徘徊的時段內，身邊並無任何警方人員

8月11號被爆眼的女生
...ose eye got shot on 11 August.

阻警取醫療報告
全港市民都在問：
爆眼女，你在躲什麼？

8月11日，你身處尖沙咀暴亂前線，右眼受傷了，隨即有指控說是警方布袋彈造成。之後，有人為你走上街頭，要警方「還眼」，掀起一場又一場暴亂。

警方多番表示，希望你主動聯絡，提供第一手資料。警方亦希望索取你的醫療報告，進行完整的調查，讓事件水落石出。令全港市民百思不得其解的是，你選擇了不報案、不露面。

直至8月29日，「你」在短片出現，卻為市民帶來更多疑問：短片中人是你嗎？為何在短片中隻字不提受傷始末？為何不告訴我們究竟被誰所傷？被什麼所傷？

警方取得法庭手令，向醫管局索取你的醫療報告，你卻發律師信反對。市民不禁要問：「你在躲什麼？」

你曾自訴受傷的眼睛是埃及神祇荷魯斯的右眼，希望「可以令香港市民遠離痛苦，戰勝邪惡」。然而，如今的香港，是非顛倒，謠言滿天，真理掩埋。因為你右眼「不能說的秘密」，社會還在繼續撕裂分化，暴力之火、邪惡之火正在摧毀我們共同的家園。爆眼女，請你站出來，講出真相吧。

五大謎團

1. 何人何物所傷？

爆眼女是否在8月11日被警方布袋彈所傷的爭議，源於網上多幀照片顯示爆眼女護目鏡上有布袋彈殘骸，但多間電視台所拍攝的片段均沒有。

2. 子彈識轉彎？

有資深刑偵專家指出，布袋彈不可能由尖沙咀警署發射出來擊中爆眼女，因爆眼女與警署之間有一塊兩米多高的巴士廣告牌隔開，除非子彈識轉彎，否則不能繞過廣告牌擊中爆眼女。

3. 為何不報警？

爆眼女至今沒有到警署報案，講述事件經過及要求落案調查。

4. 為何短片不提受傷始末？

自稱是當事人的女子8月29日透過短片鼓動搞事者繼續對抗政府，但卻蒙面和變聲，隻字不提自己受傷始末。

5. 她在哪？她在躲什麼？

警方取得法庭手令，向醫管局索取爆眼女的醫療報告，她卻發律師信反對。因為她右眼「不能說的秘密」，社會繼續撕裂，她到底在躲什麼？

布袋彈不可能由尖沙咀警署發射出來擊中爆眼女，因爆眼女與警署之間有一塊兩米多高的巴士站廣告牌隔開

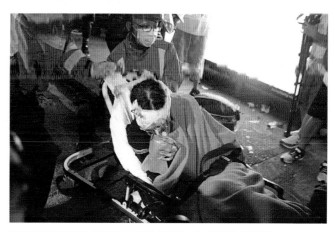

爆眼女受傷至今並沒有向警方報案，她到底在躲什麼？

抹黑警方 製造撕裂 散播黑色恐怖
泛暴派造謠嫁禍 鬼話連篇

暴力衝擊持續，社會傷痕纍纍，亂港派不斷通過抹黑及製造謠言，從「警員龍擊平民」、到「警察在太子站打死人」等，煽動「仇警」情緒，將矛頭指向維護社會秩序的警員，製造社會矛盾、散播黑色恐怖。謠言可以是即造即賣，但真相卻需時廓清，在真相大白之前，社會將受到無可彌補的傷害。造謠嫁禍是「顏色革命」的慣用伎倆，我們還要輕信亂港派的鬼話連篇嗎？

謠言： 15歲女生陳彥霖死亡事件，被警方謀殺？
真相： 彥霖媽媽：我個女係自殺

亂港分子為達政治目的不擇手段，連番炒作職業訓練局15歲女生陳彥霖死亡事件，黑衣暴徒兩度毀滅式破壞調景嶺知專校園，網上謠言瘋傳，利用悲劇抹黑警隊。彥霖媽媽何女士接受無綫新聞訪問時，再一次表明，確信女兒是自殺，指女兒很可能受思覺失調情緒病影響。何女士表示，女兒生前最怕吵，希望造謠者「不要胡亂去講任何你們認為的事」，讓女兒安息。

謠言： 警方8月31日在太子站打死人？
真相： 醫管局證實無死亡個案

當日站內有專業救護員到場為傷者治理，警員中亦有基本救護能力為傷者急救。由於當時太子站內外有大批暴徒聚集，警方經評估認為太子站不安全，且暴徒有可能「搶犯」，決定由港鐵安排特別列車，將七名傷者載至荔枝角站送院。醫管局亦證實無死亡個案。

謠言： 網列死者名單，警打死 16 人？
眞相： 全部假！

亂港派文宣反覆炒作「8・31 太子站死人」的謠言，網上更忽然瘋傳一份以「一群沈（沉）默的警察」爲署名的文件，詳列 16 名「死者」姓名及地址，7 名是所謂「8・31 死者」，9 名是「新屋嶺死者」。《大公報》記者到訪各地址逐一查證，發現無一爲實。文件上列出的所謂「地址」多位於天水圍，整份名單有 4 個不同姓氏的「偉明」，有三個同爲 18 歲。記者證實當中 6 個根本是假地址，其餘 12 個地址，即使單位存在，亦根本無人死。

謠言： 警方在新屋嶺扣留中心暴力對待被捕人，有女被捕人遭性侵？
眞相： 吳傲雪事隔一日改口話無

中大女學生吳傲雪於 2019 年 10 月 10 日公開指控被捕期間遭警員「性侵」，惟一日後，即 10 月 11 日接受訪問時又改口，稱事發在葵涌警署遭男警拍打胸部，說「8・31 被捕人士在新屋嶺的待遇不太差」，但又堅稱有其他被捕人士在新屋嶺遭受性侵和虐待，前言不對後語備受質疑。警方表示投訴警察課主動調查事件，保留了相關閉路電視紀錄，呼籲吳傲雪主動聯絡警方錄口供。

10 月 10 日

吳傲雪：「你知唔知道（在新屋嶺）唔只我一個遭受警方性暴力呀，其他被捕人士係曾經遭受不只一名警員、不分性別，性侵及虐待……」

10 月 11 日

吳傲雪：「我在新屋嶺拘留中心沒有遭受性暴力，9 月 1 日早上在葵涌警署，被男警在手腕扣上索帶時大力拍打胸部……」

謠 言： 網傳一名 16 歲被捕少女被四警在荃灣警署輪
姦成孕?

眞 相： 警署天眼片沒拍到少女 X

1. 被捕少女 X 稱 9 月 27 日路經荃灣警署被截查帶返警署，
遭四名疑是警員的蒙面男子輪姦。荃灣警署約有 16 部閉路電
視，集中位於警署大閘門口、警署停車場空地外圍、報案室入
口。

警署 9 月 27 日及前後數日的閉路電視片段，均沒有拍攝到
少女 X 進入荃灣警署。

2. 少女 X 描述警署內部情況，與實況有重大出入。

3. 傳媒報道少女年齡混亂，HA Secrets 發文指少女 X 是 16
歲，兩份報章報道少女 X 是 18 歲，有精神科求診紀錄，七月
曾企圖自殺。

謠 言： 警員假扮示威者投擲汽油彈?

眞 相： CNN 報道錯誤已向警致歉

8 月 25 日晚上 6 時許，在荃灣遊行期間，有示威者向警方
投擲汽油彈。CNN 在報道中誤稱，警方向示威者投擲汽油彈，
事後 CNN 承認錯誤，並向警方致歉。此外，網上流傳一張 8 月
31 日警民衝突期間拍攝的相片，相中一名投擲燃燒彈的示威者腰
間懷有疑似槍械。警方確認相中男子不是警務人員，相中的槍械也
不是警方使用的槍械。

謠 言： 有人被警察打至變植物人?

眞 相： 通緝犯送院清醒無斷頸

9 月 3 日太子站被捕男子為通緝犯，該男子其後被消防處
救護員用擔架送上救護車送院，送院時有意識，可以清晰回答
救護人員問題，而且頸椎未受傷。受傷男子父親其後到醫院探
望，並透露兒子傷勢不重，現時清醒，亦「講到嘢」，主要是
頭及面部受傷。

謠 言： 女疑犯被「剝光豬」搜身?

眞 相： 事主無被脫光衣服搜身

警方翻查警務人員記事冊後，證實女事主並非接受全身衣
服脫清光搜身，同時亦未要求女事主張開雙腿及用筆打其大腿。
同時在翻查閉路電視後，未發現如女事主的指控，有十多名男
警員在房外的情況。警方至今未接獲女事主投訴。

謠言： 智慧燈柱具備人面識別系統？
眞相： 燈柱不能辨樣貌不可偵測身份證

　　智慧燈柱配備感應器、數據網絡和其他數碼設施，可收集各類型實時城市數據，包括天氣、環境、交通、人流等，用以加強城市管理，不涉人面辨識等功能，亦沒有偵測身份證資料功能。暴徒罔顧事實，强行說智慧燈柱侵犯個人私隱，公然破壞多枝燈柱。

謠言： 速龍小隊改裝警棍增殺傷力？
眞相： 膠索帶鬆脫引起誤會

　　警方採購裝備和使用武力有嚴謹指引，該名警務人員使用的警棍尾部繫有膠索帶，用以固定警棍尾部的繩。由於他在使用警棍時繩子鬆脫，令膠索帶由警棍尾部滑到警棍前方，因而引起誤會。警方亦證實該名人員是現職警務人員。

謠言： 上水遊行警員推男子落橋？
眞相： 警員奮勇拉回險墮橋者

　　警方在上水一條行人天橋清場期間，一名男示威者疑為避過警方追捕，逕自跨過圍欄，企圖跳下接近 6 米高的行人天橋逃走，幸幾名防暴警察奮不顧身衝前及時捉實他，令他不至倒地受重傷撿回一命，警員其後將他救回橋面，並將他送上救護車。

謠言： 警員在新城市廣場襲擊平民？
眞相： 警員護送市民離開險境

　　新城市廣場爆發激烈衝突，警員護送遊客一家人離開新城市廣場，用圓盾幫其擋住暴徒從高空投擲下的雜物。遊客其後在社交網站 facebook 報平安，並感謝在驚險一刻獲警方及記者的幫助。

太子站死人？ 全部假！
政棍操控「靈堂」造謠

縱暴派搞太子站「靈堂」，造謠煽動市民仇警情緒，吸納新暴徒。《大公報》連日調查發現，圍繞在「仇警靈堂」外起壇、摺衣紙、燒冥鏹、聲稱見鬼、大講鬼故的一班「市民」「街坊」，其實是由「港獨」組織眾志義工及社民連的核心分子所飾演；另有大學「黃師」帶隊張羅「舞美設計」，以及一班蠱惑仔收錢「睇場」，還有神秘的外籍人士遠距「監場」。在一班台前幕後人員的合力演出下，太子站「靈堂」成了宣傳仇警的地標，白天裝神弄鬼造謠惑眾，晚上暴青聚集圍攻旺角警署。

2019 年 8 月 31 日，警方進入太子站制止暴亂。事後，暴徒一方利用現場消息先後的誤差，無視警方、醫管局及消防處的一再澄清，編造出太子站「死三人」，「離奇失蹤死亡」，「警方毀屍滅跡」等謠言無限發酵。跟着就有來歷不明的女子到太子站聲稱「代朋友尋屍」，結果在網民紛紛質疑其「戲子」身份後銷聲匿跡。「尋屍騷」演砸後不足五日，又冒出來一班半老徐娘中年婦，口口聲聲自稱見到太子站「三冤魂」，把港鐵太子站 B1 出口，用白花裝置成「仇警靈堂」，設牌位、點香燭、在路邊擺起櫈仔，天天由朝到晚摺衣紙元寶。入夜又有肥婦及短髮婦兩人推着手推車，運來化寶盤，焚燒紙元寶，身旁還有一兩名年輕口罩男協助灑「溪錢」，兩幫人滿有默契，一幫人摺衣紙，另一幫則燒衣唸經，分工有致。

呃神扮鬼　實為眾志義工

《大公報》記者跟蹤日日開壇摺衣紙燒衣的幾名成員，發現這班聲稱自發到此、互不相識的「市民」「街坊」，其實有政黨背景。記者於 2019 年 9 月 25 日見穿花衫的摺衣紙老婦與向途人聲稱見到「冤魂」的紅衫婦結伴，到附近花園街一間紙紮舖買衣紙。入夜，紅衫婦步回西洋菜北街的居所；花衫老婦則返回白田邨。而燒衣紙的肥婦人，每晚約十時許便收拾化寶盤離開，揹起背囊，步往彌敦道，乘搭巴士返屯門寶田邨的公屋單位。

穿花衫的摺衣紙老婦自稱阿 Lee，年 68 歲，她最初不願透露為哪一個政黨做事，後來承認是眾志的義工。阿 Lee 說兩年前起自薦加入眾志義工團，平日由白田邨坐巴士轉搭港鐵到眾志位於香港仔的辦事處，曾幫手派傳單反對明日大嶼填海計劃。阿 Lee 表示，由 9 月 2 日起每日中午 12 時到晚上 10 時駐場「仇警靈堂」摺衣紙，已沒空做義工。她說，再駐守「靈堂」三星期後便將離去，為黃之鋒參加海怡區選派傳單拉票。

據阿 Lee 說，每日傍晚才來，燒衣紙化寶唸經的那位「肥姐」，是社民連成員。「佢哋（燒衣紙婦群及現場打點的口罩男）今日晏啲到，有部分去接黃浩銘出監，另有部分去法庭聲援被捕人士。」阿 Lee 說，摺衣紙與燒衣紙的兩幫婦人雖份屬不同政黨，並無衝突，「眾志、社民連理念一致。眾志過檔社民連都無問題。」

收錢政治騷　分工細緻

記者發現，社民連的燒衣紙「演員」較少與途人閒聊，對鏡頭亦敏感，錢銀交收都刻意遠離「靈堂」。9 月 27 日，一名在場打點的口罩男與一名女子鬼祟地走到「靈堂」對面街的港鐵站 C1 出口，該女子從背囊取出一疊錢給口罩男，男子收好錢後，二人再返回「靈堂」貼仇警海報。凌晨二時，二人同時「收工」，口罩男在彌敦道乘坐往屯門小巴，口罩男更在小巴上，拿出一疊五百元紙幣點算，面露滿意。他其後在泥圍村下車。曾被揭收受黎智英 25 萬的梁國雄及 100 萬的社民連，營運資金一直源源不絕。《大公報》記者有一晚留意到，駐守在社民連肥姐旁的口罩男看完電話訊息後，向肥姐身旁協助燒衣的女士耳語一番，該女士說：「得喇，你哋要啲咩我去買。」該女士似乎對新「柯打」不大認同，說：「黐線，太古先唔會畀你哋燒嘢。」

神棍「見鬼」騙人把戲

作家馬克吐溫（Mark Twain）有句名言：「真實比小說更荒誕，因為虛構是在一定邏輯下進行的，而現實有時無邏輯可言。」有學者指出，「顏色革命」的一大特點，正正是不斷炮

製謊言、大肆渲染、蠱惑人心、擾亂思維、煽動情緒、製造撕裂，「仇警靈堂」便是縱暴派搭出的一台政治戲，每晚不同「演員」出場，但「見鬼對白」一致。而「靈堂」外圍有黑衫外籍人士目不轉睛監視一切順利進行。

「仇警靈堂」晚晚燒冥鏹。火光熊熊，吸引路人、學生、年輕男女向「靈堂」獻白花、噴漆塗鴉、貼仇警大字報、圍攏摺元寶、聽「鬼故」。太子的老街坊投訴該「靈堂」阻街兼「大吉利是」。

裝神弄鬼　大話連篇

「太子站打死人呀！」一名化濃妝的半老女「街坊」阿玲，尤其喜歡同途經「靈堂」的路人搭訕，惟見記者欲拍照時，則急急腳走人。記者當日所見，這名自稱住白田邨的六十餘歲婦人，接受完日本電視台 TBS 訪問後，繼續以誇張的表情及聲調向圍觀的路人吹噓其「見鬼」經歷：「我之前見到三個。9月21日，我撬開站口封板邊，見到一隻腳，燒到黑晒，係後生仔嚟。」阿玲繪聲繪色的「鬼故」吸引到幾位路人停步，她見狀更肉緊地提高聲調：「班仔為我哋犧牲，我哋幾十歲人係咪應該走出嚟先！」圍攏的「市民」便都幫腔說：「警察真係衰，打死人呀。」

另一名在太子站內、留長髮的陳女士，頭耷耷，臉貼着圍板，透過隙縫向站內張望，雙手合十唸經：「我有陰陽眼。8‧21第二日，見到一個（亡靈）行過入站閘閘號，而家仲有個（亡靈）喺度，郁緊，穿黑衫，係年輕人。」陳女士唸經超度的怪異表演，吸引到不少路人跟着合十鞠躬。

鬼話連篇的「仇警靈堂」已成了今次暴亂的人工「景點」，男女老幼等烏合之眾，晚晚定時定候在此聚集。夜晚十時許，一夥黑衫口罩青年便會到場，與摺紙衣的婦人們閒聊。11時左右，摺紙衣婦人離場，黑衫青年軍隨即「開工」，用鐳射筆照向旺角警署，叫囂挑釁。「靈堂」對面的港鐵站，則長駐有一名黑衫外籍人士遠遠監視。他似乎久居香港，用兩支竹籤當筷子夾路邊小吃，對傳媒鏡頭亦會敏感地避開。

眾志摺衣紙

社民連燒衣

蠱惑仔收錢

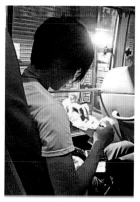

神棍洋人睇場

以腳還腳

在《明報》看到一則新聞，有點摸不着頭腦，姑且擺出來讓大家齊齊研究：

「法國周四（5日）起發起全國大罷工抗議政府改革退休金制度，網上平台『高登討論區』派出6名記者到當地採訪，其中一人被當地投擲的『突圍彈』擊中，小腿流血，入院取出突圍彈碎片後出院。入境處表示，至今未接獲當地港人求助。」

疑問一：恕我孤陋寡聞，今日才知道「高登」原來是一家媒體，有記者的，而且財雄勢大，爲了一則不關香港人事的法國大罷工新聞，竟然派遣6名記者遠赴法國現場直擊，犀利過TVB。

據我們一向認知，「高登」只是個討論區，大家七嘴八舌進去發表意見，有的留言精辟，但大部分都是粗口爛舌不堪入目純粹發泄的。好聽點說就是網上的「城市論壇」，準確說其實就是一班「烏合之眾」，這樣的一個平台，竟然無端端有6個記者，不知道是不是拿着香港記者協會發出的國際記者證？然後遠赴法國，採訪一宗國際新聞。

那些高登記者，是網民？是打手？還是管理員？你們受過新聞採訪訓練嗎？知道法國退休金制度是怎樣嗎？有記者就要有編輯，高登的總編輯是誰有人知道嗎？

聽說，他們叫自己做「公民記者」，即是連媒體招牌都沒有的一群人。半年來，這種不明來歷的人一直在香港暴亂現場中橫衝直撞，不受監管，卻擁有至高無上的第四權，習慣橫行，難怪跑到法國就出事了。

疑問二：《明報》報道有高登記者在法國採訪期間中彈受傷，奇怪，香港記者協會沒譴責法國警方罔顧記者人命、打壓新聞自由，反對派立法會議員也沒帶隊去法國駐港領事館要求解散法國警隊，黑衣暴徒更沒有去「裝修」法國餐館法國時裝店，民陣遊行的 dress code 沒有用枴杖沒有包紮着小腿說「以腳還腳」……

一樣的子彈，不一樣的反應，香港的暴徒和黑記，面對國

「高登討論區」派出「記者」到法國採訪全國大罷工，其中一人被「突圍彈」擊中小腿，卻沒有向任何官方機構求助

際標準，他們還是欺善怕惡的。

疑問三：正常人在海外遇事，找香港入境處或中國領事館幫忙是正常反應，但這位高登記者，受了槍傷卻不向任何官方機構求助，「身有屎」的感覺，不言而喻。

一則小新聞，反映出香港的大問題，今日謠言滿天飛，那些無王管的黑記黑媒，正是禍首之一。

屈穎妍
2019年12月7日「港人講地」

警方執法非常專業

8月10日至11日，一批示威者再次在街頭施暴，這次暴力事件不但標誌着社會連續10個星期動盪不安，亦是迄今為止最嚴重的一次。示威者違反警方禁令，在深水埗、大埔、葵涌、尖沙咀、太古及鰂魚涌一帶聚集，不但破壞公物，堵塞道路及紅隧，還肆意圍堵警署，以強激光及磚塊襲擊警務人員。一名警察被暴徒投擲的汽油彈燒傷，證據確鑿，但大部分媒體沒有譴責此等罪行，反而集中精力刁難警方。他們重點報道兩宗新聞，一宗是一名女士右眼被擊中受傷，另一宗是警方展開喬裝行動搜捕暴徒首領。

在星期日尖沙咀騷亂中，一名女士眼球被擊中受傷，警方還未為此展開調查，一些媒體就已經把責任歸咎於警方。在此事上，有兩個群組在社交媒體上分別上載了兩張截然不同的圖片。反對派展示的是一名女士眼部受傷流血，身旁擺放了警方所使用的布袋彈頭，而另一個群組所展示的圖片則沒有布袋彈頭。整件事的關鍵所在，是伊利沙伯醫院一名護士在臉書上發布了一則廣為流傳的帖文。據稱她負責照顧眼部受傷的女士，可以肯定她的傷勢是由暴徒手持之彈弓所射出的鋼珠所致。事件中另一奧妙之處是傷者拒絕向警方報案。原因為何？她是否知道傷勢並不是警察開槍所致，而是暴徒的無心之失？警方表示正在調查此事，促請受害者和目擊者挺身而出提供線索。媒體把責任推卸給警方，行為極不負責，間接煽動一眾年輕人發起星期一佔領機場的示威活動，迫使機場取消所有航班。

警方喬裝溶入示威陣形拘捕暴徒，做法雖然受到責難，但執法機關進行正常的秘密任務，對我來說是意料中事。廉政公署人員時常展開卧底行動，揭破不少貪污組織。警方確認喬裝行動主要針對幾位策劃暴動的核心成員。他們在電視機面前戴着的面罩價值不菲，並經常在騷亂現場控制大局。每當防暴警察向前推進，他們總是第一時間逃離現場。除了喬裝行動，我們還可以指望警方用什麼方法把這群核心暴徒繩之以法？這些喬裝探員冒着生命危險展開調查，我們理應表揚他們的英勇行為，而不是作出無理詆毀。而事實上他們的拘捕行動在熒光幕前深受大眾讚賞。

惡化的此環境中患有心理疾患，警員因而機會承受更多，執勤時承受的壓力亦更大

事實上，我更希望警方在最近的行動中逮捕更多人，而不是僅僅驅散人群。警方應「讓參與暴亂成為高風險犯罪」，現場逮捕暴徒，第二天將他們帶上法庭，並要求法庭將他們還押監獄作進一步調查。年輕的暴徒會意識到，一旦被捕和定罪，他們的犯罪紀錄終生都無法抹去，後果堪虞。

郭文緯

刊於 2019 年 8 月 14 日《文匯報》

註．作者曾任副廉政專員，現為香港大學專業進修學院客座教授，全國港澳研究會理事。

本文的英文版原文刊登於《中國日報香港版》評論版，有刪節。

惡

煽暴的黑手

政棍的巧言，
外力的魔影，
防不勝防！

常暴徒每周末幾萬人同一時間有預謀有組織地在各區搗亂、縱火、挑戰警力的執法權威時，誰能相信這一切背後沒有「大台」指揮！

暴亂無大台？誰信！「泛暴派」一直宣稱，暴亂無大台，是「群眾」自發，以「民意」施壓政府。事實是，街頭暴亂發生之前，議會暴力已令市民震驚，2019 年 5 月 11 日泛暴議員在立法會上演集體暴力致多名議員、職員受傷，炮製「香港民主最黑暗一天」。6 月起，民陣屢次發動的「和平遊行」，都以暴亂告終。

每次暴亂，「泛暴派」政客身影總是穿插在其中，帶頭叫囂，指責政府，抹黑警察，掩護凶手爲亂港暴徒行動營造有利條件；「合作無間」後，又在最激烈的黑暴衝擊之際隱没，撤除所有法律責任，佔據「話語高地」。他們泯滅道德良知，摧毀法治精神，不斷指責警方執法有錯，胡説暴徒如何「正義」。如此顛倒黑白，市民聽了很憤怒，青少年學生長期聽了，「很洗腦」！

看到嗎？那些「港獨」分子、「漢奸」、「洋指揮」，那些收錢的、「熱血」的、渾水摸魚的投機分子，勾連外部反華勢力，推動那些成功被洗腦的稚嫩臉龐，明明是奏着「黑暴狂亂調」，竟然被美化成「亂港榮光曲」；那些亂港分子明裏暗裏的，煽動着、叫囂着、衝擊着、破壞着，又揮舞着「港獨」旗、「美英」旗、八國聯軍旗，去乞求外國制裁香港；於是，美國國會「人權與民主法案」很配合地出台了，台灣民進黨、「台獨」勢力瘋狂撥火，借機攻擊「一國兩制」。

有嚴密組織、精細分工，有通訊專線、網絡連通，還有那行動手冊、中事化指揮，有錢有貨有資源，會没有操盤黑手嗎？亂港暴徒甚至分爲「屠龍隊」、「Pink Team 粉紅戰隊」、「假速龍小隊」等小分支，以恐怖手法「私了」小民，損毀破壞公共設施，甚至以殺警爲任務目標。

暴亂無大台？誰信！

衝擊立會

7月1日早上，有暴徒趁舉行慶祝回歸22周年升旗儀式，暴力衝擊及堵路。有暴徒舉雨傘擊打警員，並投擲磚塊、水樽等，更從橋上高處拋落水馬、鐵欄等。還有警員被淋潑不明液體，導致呼吸困難及皮膚紅腫。早上曾用大聲公煽動人群向升旗儀式現場衝擊的一眾反對派議員，此時卻忽然和平，表面上裝作阻止衝擊，實則鼓動暴力。朱凱廸等人被記者拍攝到現身立法會，竟拿食物「慰勞」暴徒。

立會大樓被暴徒「裝修」得體無完膚，一直大肆鼓吹暴徒「和平無罪」及仇警情緒的「泛暴派」，絕對是造成此等失控局面的暴徒幫兇。

每次的暴亂現場，均見「泛暴派」政棍的身影穿插其中，他們言必稱暴徒為「手足」

暴徒 7 月 1 日在全世界直播下，公然持續多個小時用鐵籠車和硬物衝擊立法會大樓玻璃門

暴徒公然踐踏法治，在會議廳內塗污特區區徽，謀搞港版「顏色革命」

大批暴徒成功「攻入」立法會大樓後大肆破壞,在主席台上公然撕毀基本法,更一度展示象徵「港獨」的龍獅旗

惡

亂港派
三梯隊

修例風波以來，黑衣人多次以遊行爲名策動暴力事件，把香港各區變成「戰場」。而在這些暴力事件中，亂港派的身影始終貫穿其中，當中既有被指是「佔中」金主的壹傳媒創辦人黎智英，亦有大批亂港派的頭面人物、「港獨」分子，還有經常在現場「睇水」指揮的神秘外籍人士。種種跡象顯示，亂港派的首腦雖不直接參與暴力衝擊，卻猶如衝擊指揮的三梯隊，在背後推動一波又一波的暴力衝擊。

黑衣人多次以遊行為名策動暴力事件，黎智英、何俊仁、李卓人等亂港派的身影始終貫穿其中

「禍港四人幫」14 宗罪

亂港派自去年六月發起的遊行多次演變成暴力衝擊，中共中央政法委員會官方網站「中國長安網」於 2019 年 8 月 18 日，在首頁顯眼位置發文，點名提到黎智英、李柱銘、陳方安生及何俊仁四人爲「禍港四人幫」，力數他們「十四宗罪」。他們正是香港過去一段時間以來，正常秩序持續遭受暴力活動衝擊、暴亂分子公然挑戰「一國兩制」原則底線，摧毀香港經濟和民生的罪魁禍首。文章強調，法治不容挑戰，正義必將勝利；並正告「禍港四人幫」等「反中亂港」勢力——香港是中國的香港，絕不容許任何外部勢力以任何方式插手和干預！14 億中國人民維護香港繁榮穩定的決心堅定不移！禍港亂港的圖謀絕不可能得逞！

「禍港金主」黎智英

· 黎智英，香港壹傳媒集團創始人，祖籍廣東順德，「禍港四人幫」之首。
· 曾公然宣稱「爲美國利益而戰」，是「星條旗」在港的主要代言人。
· 2019 年 8 月 9 日，在廣東省順德黎氏宗族祠堂，黎家當着祖先牌位宣布，正式將逆子黎智英剔出族譜。

罪名一： **鼓動違法，甘做美國走狗**

2019 年 8 月 18 日，黎智英在《蘋果日報》發表文章《贏民心，得勝利》，對美國總統特朗普將香港反對派抗爭運動與中美貿易談判掛鈎表示歡呼，稱「川普（特朗普的台灣譯名）終於爲抗爭運動背書了」。他表示，有西方陣營支持，是持續抗爭，改變香港將來甚至中國將來的強大力量。

罪名二： **綁架輿論，輸送政治黑金**

上世紀九十年代初，黎智英在西方反華勢力的支持下創辦了政治性極強的壹傳媒有限公司，賣掉佐丹奴時裝全部股份，正式開啓他與李柱銘「政媒勾結」親美反中的賣港之路。美英政治勢力借助壹傳媒不斷插手香港事務。每當反對派組織招募人員上街遊行前，《蘋果日報》勢必連篇累牘煽動市民上街，不僅詳列遊行時間和路線圖，更會列明遊行口號和訴求，完全是暴動行動的組織者和領導者。

罪名三： **賣港投美，白宮門口搖尾**

不得不提黎智英身邊有個已經不算神秘的美國人，名叫 Mark Simon，該人具有美國海軍情報部門背景，由他負責黎智英與美國的聯繫。Mark Simon 以壹傳媒高層身份向美國政壇捐款超

「港獨之父」李柱銘　　　　黎智英與美國副總統彭斯會晤時雙手緊握，畢恭畢敬　　　　陳方安生向美國副總統彭斯獻媚

過 20 次，其中 2008 年美總統遇襲時向共和黨候選人麥凱恩捐款三次。2019 年 7 月 9 日，黎智英高調前往華盛頓與美國副總統彭斯、國務卿蓬佩奧、國家安全顧問博爾頓就香港局勢進行會晤。黎智英公開表示：「香港正在為美國而戰、香港民眾正在同美國一道，與中共進行一場價值觀的戰爭！香港人需要知道美國站在他們身後！」

「港獨之父」李柱銘

· 李柱銘，資深大律師，曾任立法會議員，民主黨創黨主席，被稱為「港獨之父」。

· 積極與美國政界右翼分子長期保持密切聯繫，為西方反華勢力在香港培養「代理人」，極力從事「港獨」運動。曾公開表示「敢於當帝國主義的走狗」。

· 2003 年 6 月，李柱銘面對媒體記者時更是大言不慚地說：「你說我做漢奸，我天天做漢奸，有需要時做漢奸。」

罪名四： 修例「始祖」，反修例「先鋒」

1998 年 12 月 9 日，李柱銘就在香港立法會會議上首次以「逃犯危害香港安寧」為由，動議特區政府要安排內地與香港兩地可移交罪犯，稱得上是提出審議修訂《逃犯條例》的第一人。

此次「反修例」暴動的起因正是因為行政長官林鄭月娥着手修補由李柱銘率先提出的司法漏洞，李柱銘卻大力反對，並主動前往美國「告洋狀」，向美國建議要利用「反修例」在香港伺機製造混亂。

罪名五： 賣港「黑中介」，黎智英「引路人」

通過利用自身曾任立法會議員和資深大律師的身份，為西方反華勢力在香港培養「代理人」。經物色、接觸、考察、培養等步驟，從香港社會各界中挖掘了多名甘願賣港亂中的「優秀人才」。其中最具代表性的有「佔中」發起人之一的亂港分子戴耀廷，以及此次修例風波的幕後推手之一黎智英。

罪名六： 唱衰香港，捏二連三告洋狀

自 2017 年 5 月以來，李柱銘就以呼籲國際社會干預香港事務、唱衰香港抹黑「一國兩制」、建議利用《逃犯條例》在香港伺機製造混亂的運動策略等話題，多次遊竄於美國、英國、加拿大等國家，接二連三告洋狀。2019 年 9 月中旬，李柱銘還帶着黃之鋒等人再次前往美國，着手推動美國國會通過新的「香港人權與民主法案」，為能夠直接插手香港事務開闢綠色通道，為香港社會動盪持續輸送「彈藥」。

罪名七： 與黎智英勾連，煽動民眾暴力亂港

此次暴亂爆發之前，李柱銘早於 2019 年初就開始着手炮製大量包含誤讀政治、蠱惑民眾的文章，提升「反修例」話題在香港社會媒體關注熱度，暗示讀者要用過暴力對抗的方式爭取人權、民主和自由。

李柱銘與黎智英二人聯手，利用黎智英一手掌控的「港獨」媒體《蘋果日報》，大肆發布李柱銘署名文章，文章以「香港還有希望嗎」「齊心救港」「沒有人身安全的國際城市」等標題黨字眼吸引讀者，內容裏故意摻入大量政治術語，加以偷換概念、歪曲解讀的骯髒手法，公開抹黑香港特區政府修訂《逃犯條例》，煽動蠱惑普通香港市民參與「反修例」，極力鼓動民眾與香港政府和警方進行暴力對抗。

「賣港阿婆」陳方安生

· 陳方安生，1993 年至 1997 年在殖民地政府出任首位華人布政司。香港回歸後，她繼續在特區政府擔任政務司司長，亦曾短暫成為立法會直選議員。

· 香港反對派的代表人物之一，是英美西方反華勢力插手香港事務的一枚棋子，滿口仁義道德，實則賣港收金。

罪名八： 如意算盤未如意，以退為進藏禍心

香港回歸，作為特區政府「二把手」的政務司司長陳方安生與時任行政長官董建華時常唱「對台戲」，一度令特區政府

民主黨許智峯　　　　　　　　民主黨林卓廷　　　　　　　　「民陣」召集人岑子杰(右)

高層出現兩個「司令部」的聲音。2001年4月，陳方安生宣布提早退休。

罪名九： **人前滿口仁義，背後大收黑金**

剛退休後的陳方安生立即在政見立場方面與中央政府和特區政府特首相左，並提出要爭取民主、體察民生，被外界評論為「忽然民主」。在2013至2014年間，三次收受「禍港金主」黎智英捐贈的巨額「政治黑金」350萬港幣，助其繼續從事亂港活動。

罪名十： **自稱「香港良心」，實則「出賣良心」**

此次修例風波爆發前，陳方安生於2019年3月突然「應美國國家安全委員會邀請」前往美國四處游說，全力向白宮官員和參議院、眾議院議員「唱衰」香港，並公開向美國副總統彭斯表示，「美國完全有權過問香港人權和『一國兩制』」，請求美國出面干涉香港內部事務。（有市民爆料稱，2019年8月6日，在香港交易廣場「美國會」會所外看到陳方安生與美國駐港澳領事館政治部主管朱莉·艾德（Julie Eadeh）邊走邊談。亦有人稱，當時新任美國駐港總領事史墨客亦有出席會面。）

罪名十一： **退休不甘寂寞，蠱惑分裂公務員隊伍**

近日，為繼續向香港政府施壓，陳方安生憑藉其曾為特區政府的「二把手」、前政務司司長的身份，公開鼓動公務員罷工參與遊行示威活動，企圖癱瘓政府各項職能，自下而上削弱行政長官林鄭月娥的執政權力。2019年8月2日，在公務員遊行示威活動結束後接受媒體採訪，公開發表言論試圖蠱惑香港警隊，稱「警隊的敵人不是市民，希望警隊能顧全大局」，暗示希望警務人員放棄維護社會秩序之職責，從而推動社會動盪局勢進一步升級。

「投機分子」何俊仁

·何俊仁，香港執業律師，自身「黑料不斷」。

·踏入香港政治舞台以來，政治立場始終飄忽不定，猶如「牆頭草」，是一位十足的「政治投機分子」。

罪名十二： **素養低下，誠信破產**

2012年香港特區特首選舉期間，何俊仁公開質疑參選人梁振英「個人誠信」有問題，自己卻於同年再次身陷「漏報門」。被多家香港媒體披露其隱瞞一家公司的董事身份，以及該公司名下位於九龍城東方花園一處估值超過1200萬元的豪宅及車位。2014年，何俊仁在時任財政司司長曾俊華宣讀預算案時，被發現公然用iPad瀏覽多幅艷女相片長達半小時，被稱為「AV仁」。

罪名十三： **政治投機，美國鷹犬**

何俊仁曾利用擔任區議員和立法會議員的身份，為了提升曝光率和知名度「博出位」，成為時而反美時而反中的「搖擺人」。

幾經周折，終於得到了美國方面的情報部門的高度關注並與其主動接觸，逐步成為一名美國在香港大力扶植的政治代言人。曾公開發表言論攻擊中國人權制度，並反對基本法二十三條立法。

罪名十四： **標榜「新聞自由」，混淆視聽**

修例風波爆發初期，警員在執法中束手束腳的事實證明，正是何俊仁遏制警權的論調甚囂塵上，才導致打着「民主」、「自由」旗號的遊行者演變成了具有恐怖主義傾向的暴徒，使香港秩序遭受嚴重破壞。

有人爆料稱，何俊仁仍小動作頻出，擬以香港人權機構「香港司法中心」名義組織會議，主題為民間社會對近期「反修例」抗議活動的反應，並妄稱香港警隊「過度使用武力、隨意拘捕、執法暴力、侵犯他人隱私」等行為「令人震驚」，希望通過會議促使社會建立有效宣傳、監督和問責機制，甚至想要在聯合國層面進行國際宣傳的可能性。

民主黨鄺俊宇 (右) 　　　　　泛暴派朱凱廸　　　　　　　　泛暴派區諾軒

亂港二梯隊　頻頻煽暴

「禍港四人幫」是亂港派的牽頭者，而每次的衝擊事件，亂港派的第二梯隊（泛暴派議員、「港獨」分子）亦會陸續現身，在現場嗌咪煽惑，「打卡」擦存在感。

許智峯　立會包庇暴徒　阻警執法

民主黨許智峯，在今次暴亂的表現「不遺餘力」，幾乎每次暴亂都會見到他的身影。許智峯以了解現場警方執法情況為由，為暴徒逃離拖延時間。2019 年 7 月 1 日，暴徒衝擊及佔領立法會，警方翌日凌晨展開清場行動，但許智峯一再阻撓，儼如暴徒「保護傘」；2019 年 8 月 31 日，許智峯扮法律專家向被捕者提供「專業意見」，教被捕者不要說任何話。警員質問：「不是代表律師，你可以在這裏為佢（被捕者）提供法律意見咩？你話佢唔需要講啊，這句話是不是你應該講的，立法會議員？」2019 年 9 月 15 日，警方在北角以阻差辦公拘捕許智峯。許智峯獲釋後不改前非，於暴徒佔據理大校園事件中再度「抽水」，聲稱要幫助「市民」離開。

林卓廷　暴亂現場挑釁　抽水常客

民主黨林卓廷與其黨友一樣，都是暴亂中的「抽水」常客。2019 年 7 月 6 日，在所謂的「光復屯門公園」事件中，有暴徒包圍一名疑在現場拍攝的無辜市民，並強迫他交出手機，刪除有關照片及視頻。在場的林卓廷及許智峯，以「調停」為名，「幫拖」威逼被圍的市民交出手機刪除「證據」，但最終並未發現手機內有任何關於暴徒的內容。2019 年 7 月 21 日的元朗打鬥事件亦與林卓廷的刻意挑釁不無關係。事件發生之初，只是數名白衣人與黑衣暴徒隔着港鐵閘門對罵，但林卓廷到達後，向黑衣人稱已要求警方到來，又叫黑衣人拍下白衣人面容，並不斷挑釁白衣人：「你哋班 x 街夠膽唔好走，警察就嚟緊！你夠膽全部企晒喺度。」最終導致事件一發不可收拾。林卓廷早前亦因涉及 5 月 11 日立法會逃犯條例法案委員會的衝突，涉嫌

觸犯《立法會權力及特權條例》而被褫約拘捕及檢控。但林卻躲藏在立法會大樓，不肯赴警署，在直播中「開賭盤」，競猜警方會否進入立法會拘捕他，視法律如無物。

岑子杰　煽動非法集會　出苦肉計

在近月的暴亂事件中，「民陣」多次組織發起的遊行為暴徒提供聚集的機會。「民陣」的召集人、社民連岑子杰經常煽動市民上街參與非法集會遊行，更公開和連登仔裏應外合，承認「遊行重點係易散水，多民居，讓大家得到保障」。岑子杰除了在煽動市民時七情上面，亦擅於博取大家的關注。2019 年 10 月 16 日，岑子杰在旺角突然「遇襲」倒地，最離奇的是，同行的「民陣」夥伴第一時間竟是為岑的傷勢「打卡」，傳至 facebook 與網友分享。「打卡」過後，岑子杰馬上「翻生」，且對鏡頭甚為敏銳。當救護車到場，見有鏡頭攝向他時，即時中氣十足地大聲叫囂。治理未過一日，岑臉上的瘀腫就已完全消失，精神奕奕。市民懷疑有人自導自演「大龍鳳」。

鄺俊宇　暴徒當「手足」　大玩悲情

民主黨立法會議員鄺俊宇常與暴徒稱兄道弟，再加上幾滴「鱷魚的眼淚」販賣悲情。他初期頻繁趕赴暴亂現場，例如 2019 年 7 月 2 日凌晨，警方在金鐘開始清場，鄺俊宇用擴音器聲稱要與警方溝通，卻被《蘋果日報》直播記者說漏嘴，道破其目的是為暴徒撤離爭取時間。但鄺俊宇一役成名之後，就開始收割成果，並於近月減少在暴亂現場出現，只是重大、重大暴亂事件中才偶爾現身，變得相當「錫身」。

朱凱廸　區諾軒　孖住竄竄發號施令

泛暴派議員朱凱廸、區諾軒經常在暴亂現場出沒，拿着擴音器在現場指指點點。2019 年 10 月 1 日，二人進出暴徒「私竇」斷正！當日，亂港派在全港發動恐襲式暴亂，更有「黃媒」、「黃店」裏應外合，充當暴徒補給和物資站。灣仔富德樓一所「獨立書店」及「獨媒」辦公室，除了供大量黑衣暴徒更衣變裝，《大

黃之鋒（左）、周庭　　　　　　　羅冠聰　　　　　　　　　　Brian Patrick Kern

公報》記者更在現場目擊，朱凱迪、區諾軒與議助等人自行按密碼進入富德樓，竄入該廈單位，發號施令，單位儼如暴動指揮中心，一行人相當熟路。

黃之鋒　羅冠聰　不遺餘力頻「告洋狀」

香港眾志領頭人黃之鋒在暴亂以來頻「告洋狀」，是反華勢力的「馬前卒」，這個小漢奸更被泛暴派捧爲「政治明星」。眾志所謂的「國際戰線」內部有清晰分工，黃之鋒主要負責歐洲，羅冠聰負責美國，周庭則主攻日本。暴亂以來，黃之鋒等人「告洋狀」的頻率明顯提升。2019 年 8 月 6 日，香港眾志秘書長黃之鋒和常委羅冠聰在金鐘的高級酒店內，與美國駐港澳總領事館政治部主管 Julie Eadeh 會面。9 月 9 日，黃之鋒竄訪德國柏林，妄圖在德國組織反華示威集會。9 月 17 日，黃之鋒與何韻詩前往美國參加聽證會，乞求美國國會盡快通過《香港人權與民主法案》。比黃之鋒走得更前的是羅冠聰，去年八月開始他直接常駐美國。話說八月中，羅冠聰在個人社交網站撰文，透露已抵埗紐約，準備前往耶魯大學進修。當時眾志正極力煽動香港學生九月罷課，羅冠聰卻已遠走他鄉，於是網上有了一個揶揄他和暴徒的金句「I go to Yale; You go to jail.」正所謂「我去耶魯，你去踎監」，羅冠聰還洋洋得意地聲稱，他在美國會與美國國務卿、國會議員會面，繼續「展開很多工作」。

暴亂鬼影　指揮大局

持續多月的暴亂現場，多次出現「洋指揮」的身影，多名穿着隨意的外籍人士在全副武裝的暴徒中顯得格格不入。外籍人士身影出現在暴力衝擊場合並非首次，無論是港島還是新界，他們都如影隨形般出現在各場合，相信並不是「巧合」。

「獨鬼」　宣顏色革命

體型魁梧的外籍示威常客 Brian Patrick Kern，經常穿起粗口黑 T 恤，走到警方防線最前，囂張與警對峙。他更不時帶領黑衣人推撞警員，衝擊防線，教黑衣人如何紮鐵馬製屏障。《大公報》記者深入調查，發現 Brian 與西方反華勢力勾連，在港從事政治活動。1990 年他在內地搞罷課後赴美讀書，之後在多國以教導「人權」課程爲名，散播他「推崇」的「顏色革命」思想，又組織學生團赴印度的「藏獨」村學習，該村由「藏獨」達賴喇嘛的妹妹 Jetsun Pema 經營，Brian 安排學生與村內的「藏獨」組織成員見面。十一年前 Brian 來港定居，於國際學校教授請願、留守等示威技巧，向學生「洗腦」反華。現已退休的 Brian 由幕後走到台前，在激進反對派隊伍充當軍師，衝擊法治。

烏克蘭「新納粹」　撐暴

2019 年 12 月 1 日尖沙咀的暴亂中，更有一批懷疑是烏克

花襯衫洋漢穿梭暴亂現場　　　　花襯衫洋人經常用手機指揮　　　　「洋指揮」在現場教路

Brian 經常挑釁警員　　　「亞速營」成員與暴徒合照　　　洋暴徒頭上有「新納粹主義」紋身　　　假「速龍」

蘭「新納粹主義」人士參與。網上流傳數名身形健碩的外籍紋身漢與黑衣暴徒的合照，有撐泛暴派的專頁證實，數名洋漢是烏克蘭準軍事集團「亞速營」（Avoz battalion）成員。亦有網民發現，其中一人耳後紋有疑似支持「新納粹主義」圖案。市民憂慮已有外國極端分子抵港混入暴徒隊伍中，恐怖主義將扎根香港。有分析指出，暴徒由爭取所謂的政治訴求變成向市民和旅客行「私刑」、打砸中資店舖，正正就是「新納粹主義」的表現。

洋指揮　掩護假「速龍」

亂港暴徒假扮「速龍」縱火破壞，企圖嫁禍警方！2019年10月20日，旺角暴亂期間，《大公報》記者直擊一隊配備精良、外觀與警方「速龍小隊」極相似的假「速龍」，企圖伏擊警方，但事敗逃逸，只好在「哨兵」提醒下躲進小巷棄置裝備及更衣扮路人，再由假記者和洋指揮掩護逃脫。過程中，假「速龍」行動迅速、有組織，甚至有各類支援人員把風及協助其撤離，猶如軍事化特種部隊。

花衫男　「暗號」操盤

2019年10月27日，旺角黑夜中，又是「鬼影幢幢」。其中一名穿花襯衫的洋人和另一個高個子洋漢在人群中神態自若，還不時舉起手提，疑在指揮暴徒行動。二人都曾被《大公

報》賜賜鄉帶出沒在暴亂現場。而花襯衫洋漢在2019年7月14日，沙田新城市廣場咬斷警指的暴力衝突當中，曾被拍到疑做暗號指揮暴徒。他的twitter帳戶名為「Hong Kong Hermit」，稱居港超過十年。

洋哨兵　「無人機」偵測

2019年7月27日，暴徒大鬧元朗，在衝擊現場，一名外籍人士在人群中神態自若，似在冷眼旁觀全盤大局，有暴徒圍着他交談，聽從指示。而在一處人跡稀少的地方，則有另一名外籍人士手持遙控器，操縱着一架無人機，在人群上空來回盤旋，舉止可疑。

手機軍師　通報警動向

2019年7月28日，一批暴徒在上環一帶與警方發生激烈衝突，一名身穿灰衣、短褲，背着背包的外籍人士卻坐在西營盤威利麻街對出的天橋樓梯上，不斷以手機上通過社交軟件與人談及警方的最新動向，稱「警方仍與之有一段距離，但正向下個十字路口推進」，對方則似對暴徒十分關心，稱「他們隨時會被拘捕起訴」。隨後，他往上環方向前進，當時信德中心一帶人頭攢動，當中包括不少記者。該名外籍人士快抵達之時，迅速把圍在脖子上的毛巾拉起來蒙住臉，走到路中心的花槽中貼近觀察衝突情況，行跡十分可疑。

洋人在暴亂現場以無人機在上空監視　　　軍師仍用手機通報警方動向　　　暴徒圍着「洋指揮」交談

215 惡

列國家制裁名單照入境 勾連縱暴政棍
美NDI要員竄港攪局停不了

外交部於 2019 年 12 月 2 日宣布制裁美國的反中亂港非政府組織，當中包括美國國際事務民主協會（NDI），然而，NDI 要員之後卻再度竄港搞局。《大公報》調查發現，NDI 亞洲區高級項目經理 Adam Nelson 2019 年 12 月 10 日在中環一間酒店，與李柱銘、李卓人及吳靄儀等縱暴政棍會面，商討 NDI 被制裁後，如何強化在香港作用，並繼續支持泛暴派「兩條腿走路」，即「繼續走國際路線」及調整亂港策略。政界質疑，NDI 被中國制裁後，其成員仍可大搖大擺入境香港，肆無忌憚勾連泛暴派，強烈敦促特區政府採取實際行動，落實制裁。

《大公報》獨家踢爆 NDI 總裁米德偉（Derek Mitchell）及亞洲區主管南安德（Manpreet Singh Anand）在 2019 年 11 月 25 日即區議會選舉後的敏感時期突然竄港，米德偉此行的公開活動是擔任 11 月 26 日香港外國記者會（FCC）午餐會的演講嘉賓。「亂港四人幫」之一的陳方安生當時更急不可待與他們會面。

在午餐會演講當日，米德偉提早到達 FCC 準備。《大公報》記者發現，陳方安生竟然從米德偉入住的酒店離開，並前往 FCC。到達會場後，她徑直坐在南安德旁邊，二人言談甚歡。午餐會上，米德偉不斷吹噓 NDI 在港「功績」，公然表明支持暴徒，聲稱要繼續做抗爭背後強大的後台。

部署後續工作目標

米德偉與南安德在午餐會結束後，急急到美國駐港領事館匯報。英國駐港總領事賀恩德在 11 月 26 日晚亦與米德偉密會。據了解，米德偉與南安德此次來港，除了肯定亂港分子在修例

風波中的前期工作，亦部署了後續的工作目標。

就在米德偉與南安德來港後的第三天，即 11 月 27 日，美國總統特朗普簽署了《香港人權與民主法案》制裁香港，粗暴干預香港事務和中國內政。中國外交部在 12 月 2 日宣布制裁 NED、NDI 等組織的反制措施。

12 月 10 日晚，即泛暴派舉行所謂「世界人權日」遊行後兩天，《大公報》記者發現 NDI 亞洲區高級項目經理 Adam Nelson 現身香港，進一步落實米德偉的指示。

Adam Nelson 聯同國際特赦組織亞洲區倡議與政府關係專員 DO Yun Kim，在中環文華東方酒店密會李柱銘、李卓人及吳靄儀，同場還有 美國威爾遜中心研究員、公民黨前身「四十五條關注組」成員、曾任港大法律學院教授的戴大為（Michael C. Davis），以及美國喬治城大學亞洲法研究中心主任、「大鱷」索羅斯旗下顛覆工具「開放社會基金」前東亞項目總監 Tom Kellogg，此人多次與違法「佔中」搞手戴耀廷任職的港大法律學院合辦活動。

七人坐在文華東方酒店餐廳較隱蔽座位，兩側有屏風遮擋，討論「香港發展」云云。三個縱暴政棍發言時，DO Yun Kim 和 Tom Kellogg 特地拿出紙筆記錄。剛從澳洲「告洋狀」返港的李卓人提到要讓「運動」變得「更受歡迎」。泛暴派「繼續走國際路線」的方式受到 Adam Nelson 一行「肯定」。戴大為與李柱銘面對面而坐，發言時手舞足蹈、高談闊論，聲音大到幾張餐桌外都聽到，他提到「現在不是改變街頭運動方向的時候」，「和勇結合」正是區選後泛暴派的調整方向。Adam Nelson 經常用手機打字，一度離座。

呃選民　暴徒變議員

陳振哲 殯儀「戲子」

泛暴派 2019 年靠暴亂出位，以陰招取得多個區議會議席。而當本地醫護人員為應對新冠肺炎疫情筋疲力竭之際，泛暴派區議員竟大鬧醫院！五個大埔區議員 2020 年 2 月 10 日以「了解前線醫護情況」為藉口「巡視」大埔那打素醫院，其中，殯儀業「戲子」陳振哲最為人熟悉，因暴亂期間他多次在傳媒鎂光燈下阻警執法。他們大鬧醫院其間造成混亂，有護士一度委屈落淚，醫院運作大受影響，有護士狠批泛暴派「阻住地球轉」。

葉錦龍 兩度涉襲警

泛暴派中西區區議員葉錦龍，2015 年 4 月，時任政務司司長林鄭月娥乘坐開篷巴士，宣傳政改方案，當巴士駛至堅尼地城時，葉錦龍與另外兩名滋事者衝出馬路搞亂，有警員截停葉錦龍時被葉推跌，手及身體受傷，他涉襲警被捕。2019 年 9 月 1 日，葉錦龍因涉嫌刑事毀壞及襲警再次被捕。

仇栩欣 疑推跌警員

東區區議會城市花園選區議員仇栩欣，於 2019 年 8 月 11 日在北角直播時，涉嫌偕助理推跌警員，令警員腰部受傷，兩人被控一項襲警罪。

梁翊婷 愛炒作謠言

民主黨觀塘中心候選人梁翊婷，不時在社交媒體炒作一些網絡謠言，例如 2019 年 9 月，她聲稱有街坊親口跟她說，有位做殯房的朋友告訴他，太子站共死了六個人，都是斷頸死的，是警察從後 90 度拗斷頸。帖文內容遭到網友強烈質疑。不過她拒絕認錯，揚言「真與假還重要嗎？」

在各區的暴亂現場，經常有人公然舞動「港獨」旗幟。「港獨旗手」鄭俠、梁金成、「香港民族黨」前召集人陳浩天、「香港獨立聯盟」召集人陳家駒等「獨人」亦常露面宣「獨」

泛暴派陳振哲暴亂期間多次阻警執法，靠陰招取得區議會議席

葉錦龍（中）與日本政治人物會面「做騷」，其間不忘唱衰香港

泛暴派區議員仇栩欣與其助理涉嫌推跌警員以致受傷，被控襲警

梁翊婷在觀塘 APM 挑釁防暴警被拘捕，控以「行為不檢」罪

黎智英：與美國共同價值對抗中國

黎智英經常對西方媒體唱衰香港

作爲今次反修例運動「大旗手」的壹傳媒創辦人黎智英，日前接受美國有線新聞網絡（CNN）訪問，形容中美貿易戰是民主和威權兩種價值之間爭持的「新冷戰」，更指香港反修例運動是在「敵人陣地」中，爲了「與美國共同相信的價值」跟中國戰鬥，相信美國未來只會更支持香港。他又認爲，若中國面對的國際壓力日漸增加，同時經濟轉差、職位流失，國家主席習近平可能要下台，由一個較自由的政府取代。他指若爭取自由會令香港的金融中心地位受損，「那就由它去吧」，認爲這不能成爲人們不去戰鬥的理由。

該報道以「爲何支持民主的滋事者黎智英，是唯一起來對抗中國的香港富豪」爲題，提到黎智英被視爲美國「黑手」，報道形容黎與美國的關係「無可否認」，提及他上月曾於華盛頓，與美國副總統彭斯、國務卿蓬佩奧和國家安全顧問博爾頓會面，討論香港自由對美國對抗中國的重要性；而黎智英的助手 Mark Simon，是美國一名前 CIA 僱員的兒子。

一手推動反修例運動、並將《逃犯條例》冠上「送中」名號的黎智英，在訪問中透露，政府三月宣布提交《逃犯條例》修訂草案時，自己正身處美國，在與一名美國政客共晉早餐時，對方警告他修例所帶來的危險，「我開始提高警覺」，在反覆檢視草案後，「『頂，這真是好恐怖』，我知道這將會是大事件（I knew it was going to be a big thing）。」

港澳辦主任張曉明曾形容，反修例運動帶有明顯的「顏色革命」特徵，亦有評論質疑運動背後有美國資金撐腰。黎智英認爲有關説法荒謬：「如果美國資助這（場運動），證據應該顯而易見，但你根本找不到一個人站出來説：『我從美國拿到錢。』」他指美國對香港的支持並非在財政上，而是在政治和道德上。

他將反修例運動與中美貿易戰拉上關係，形容中美貿易戰是民主和威權兩種價值之間爭持的「新冷戰」，指香港的反修例運動是處於「敵人陣地」中，爲了「與美國共同相信的價值」跟中國戰鬥，他指自己願意爲這些戰役而死。黎智英認爲，當中國面對的國際壓力日漸增加，同時經濟轉差、職位流失，中

國將會有所改變，「這不代表共產黨會倒台」，但習近平可能
會下台，換上較自由的政府，「慢慢地我們將會走上正確道
路」。

　　黎智英認為，若爭取自由會令國際金融中心受損，亦應接
受這結果，不應成為不抗爭的藉口：「如果我們抗爭，可能會
有奇跡出現，但如果不抗爭，我們將要屈服於極權之下。」對
於運動最終的結局，黎智英坦言並不知道，「但我知道世界正
注視我們……我認為（美國總統）特朗普和美國現在不能停止
（支持香港）了，他們只能愈走愈前。」

《星島日報》

2019 年 08 月 29 日

黎智英（右起）、楊森及李卓人於 2019 年 8 月 31 日，在未獲
警方批准的情況下，公然帶頭從灣仔修頓球場遊行至中環遮打
花園，成為修例風波的一個分水嶺，採取「破窗效應」，此舉
暴力升級

「香港監察」搭路 赴歐美乞外力干預
「港獨」分子騎劫學界 組團告洋狀

外國政界意圖利用本港大學生搞亂香港！自稱「學界代表」的「香港大專學界國際事務代表團」近期與英美政客沆瀣一氣。他們赴美乞求美國國會通過制裁香港的《香港人權及民主法案》，亦要求英國國會推出類似法案，還要英方給予持有英國國民（海外）護照（BNO）的港人英國公民身份。《大公報》記者調查發現，所謂「香港大專學界國際事務代表團」是經英國組織「香港監察（Hong Kong Watch）」鋪橋搭路赴英，其發言人張崑陽是被選中、新捧上位爛頭蟀，他更與畏罪潛逃外國的「港獨」分子稔熟。所謂的代表團明顯是暴徒和「港獨」分子的代表。

求英國推港人權法

成立於 2017 年的「香港監察」聲稱「匯聚有影響力的聲音，就香港局勢展開高級別活動」，並「為香港『民主運動』的參與者提供公正的發聲平台」。23 歲的港大學生張崑陽日前出席由「香港監察」主持的英國國會會議，在與議員交流時，要求英國國會推出英國版《香港人權及民主法案》，以「確保」中國遵守《中英聯合聲明》。

曾赴澳洲唱衰香港的張崑陽稱，澳洲綠黨曾建議當局研究香港學生簽證自動提升至工作簽證的可行性，他認為英國亦可循此方向考慮。他說，爭取 BNO 平權是長遠之事，而短期內英方可先為港人爭取更多其他權利，每年有不少香港學生赴英求學，若英方能由學生簽證入手協助港人，相信援助層面會很廣云云。

張崑陽聲稱，出席會議的英國國會議員 Steve Double 和 Fiona Bruce 認同英方應向香港學生提供更多「保護」。

臭名遠播「代表團」受冷待

然而事實上，香港社會暴力事件不斷，亂港暴徒早已在海外臭名昭著。「代表團」在澳行程可謂「坎坷」，有成員在入境澳洲時被當地海關扣查，更被詢問是否藏有攻擊性武器、是否與香港暴亂有關等等，「代表團」原定在墨爾本大學與當地香港留學生的「見面會」亦自行取消。「代表團」原本打算參加加拿大籍亂港歌手何韻詩在墨爾本舉行的所謂「對談活動」，但包括維多利亞國立美術館等十個機構皆拒絕提供場地，所謂的赴澳「游說」結果可想而知。

張崑陽在美國國會及行政當局中國委員會（CECC）發言時，抹黑中央政府「侵蝕」《中英聯合聲明》中保障的高度自治，聲稱有大學學生會成員被香港警方扣留期間，遭到毆打、威嚇。

張崑陽曾密會美領館主管

「香港大專學界國際事務代表團」2019 年 6 月成立，這個所謂的「學界組織」罕有地受到以美國為首的西方勢力青睞，多名成員已連續十多天先後赴英、德、美等國唱衰香港，其發言人張崑陽更曾與亂港分子「香港眾志」核心成員黃之鋒、羅冠聰及歌手何韻詩等人前往美國出席國會聽證會，要求美方制裁香港。

《大公報》曾踢爆，美國駐港總領事館政治部主管 Julie Eadeh 於 2019 年 8 月 6 日在金鐘一間酒店，密會「港獨」分子黃之鋒、羅冠聰，而「代表團」核心成員張崑陽和彭家浩當時亦在場。

泛暴派吃裏扒外 乞美制裁
特朗普簽害港法案

「泛暴派」頻頻竄美「告洋狀」，一再乞求美國制裁香港，美國國會參議院於 2019 年 11 月 19 日通過所謂的「香港人權與民主法案」。11 月 28 日，美國總統特朗普簽署「香港人權與民主法案」成法，嚴重干預香港事務。

中國外交部副部長樂玉成向美方提出嚴正交涉和強烈抗議，指出簽署該法案是赤裸裸的霸權行徑，中方必將予以堅決反制。中國外交部發言人耿爽強烈敦促美方不得實施該法，以免影響中美關係和兩國在重要領域的合作。外交部駐港特派員公署強調，美方倒行逆施將遭到包括香港同胞在內的全體中國人民的迎頭痛擊。「泛暴派」竟裏應外合主動要求美國盡快執行制裁，並要求更多國家效法。

一群記者只將鏡頭對着一名持槍警員，而無視暴徒的惡行，這樣的情形連月來成了香港司空見慣的「風景」

在暴亂現場，經常見到一群聲稱是記者的人站在最前排。他們比暴徒站得更前，目的是阻礙警方執法

假記者真暴徒　穿插現場阻執法
暴徒恐嚇同行　港台記者做幫兇

中通社女記者（右）在港鐵站採訪期間被包圍欺凌，驚恐哭泣，港台記者（左）竟助紂為虐，厲聲呼喝逼女記者刪除相片

「港獨分子」鄭偉成扮記者，在暴亂現場佯裝拍攝阻擋警車

「港獨分子」劉康扮記者，潛伏暴亂現場偷拍警察行動

連月的暴力衝擊現場中，假記者頻頻出現！身穿反光衣、有「記者證」不一定就是記者，警方已不止一次檢獲假記者證，更有暴亂分子、「港獨」分子屢屢假扮記者，而激進「黃媒」「黑記」不但不持平報道，更故意妨礙警方執法，偏袒掩護暴徒逃脫的場面。《大公報》早於 2019 年 6 月已揭發，「港獨」分子鄭偉成假扮記者在示威現場拍攝警方大頭照。而多次的示威衝突中，《蘋果日報》、《立場新聞》的鏡頭往往只對着警員的執法情況，被批評對暴徒的破壞視而不見，當有暴徒被捕時，有網媒記者刻意詢問名字。

2019 年 8 月 31 日，警方在西環搗破暴徒物資店「國難五金」時，就檢獲 12 張假記者證，進一步力證「假記者」的存在。

中通社女記者嚇到喊

香港電台記者為亂港暴徒掩飾惡行，竟然要求中通社記者刪除「罪證」照片，嚴重踐踏新聞自由！暴徒於 2019 年 8 月 5 日發動罷工搗亂全香港，「玩轉」港鐵超過五小時，當天一名中通社女記者在港鐵車站採訪期間，拍下暴徒的惡行時被重重包圍，強行要求她刪去圖片。一名港台記者助紂為虐，違背記者需揭露事實真相的守則，附和暴徒逼記者刪除照片，中通社女記者被包圍欺凌，驚恐哭泣。

假記者真暴徒

妨礙警方工作
恐嚇正義媒體記者，要求刪相刪片
掩護放生暴徒
擾亂記者會，打斷官員發言
製造記者和警察衝突假象

勇

維護法治，信念堅定！
保護市民，何懼黑暴！
正義在我，緊守崗位！

警察止暴制亂，保護市民生命安全，卻慘遭黑暴抹黑攻擊，市民紛紛到警署支持警察

修例風波中，黑色暴力肆虐，曾是全球最安全城市之一的香港淪爲「暴亂之都」。香港三萬警務人員始終守在止暴制亂第一線，既要面對暴徒執法抗暴，保護市民生命安全，又要承受身心的巨大壓力和抹黑傷害，但他們勇於承擔，無畏無懼，克制包容，懷着使命信念，秉持專業精神，履行警隊誓詞中「不對他人懷有惡意」的理念。

在動盪的 2019 年，香港警察是最被歪曲、被辱罵的群體，但也是最被仰賴、最被敬重的群體。在歷時逾半年的動亂中，他們竭力阻止更多港鐵、交通燈、商舖被打砸，破獲私藏武器，搜捕汽油彈，打通被堵住的公路與隧道，保護被黑衣人所毆打的市民……讓香港人尋回免於恐懼的自由。

黑衣人的暴力衝擊不斷升級，激進暴徒仇警甚至殺警的陰謀力增無減，用火磚、弓箭、鐵枝、鐵槌、鐵通、硫酸等武器攻擊警員，甚至密謀動用真槍向警察大開殺戒。由六月至十一月底，534 名警員在行動中受傷。

警察的家屬也遭暴徒攻擊，在網絡上遭「起底」，個別極端分子更發表所謂「麻包袋接放學」、「鉛筆插眼」等威嚇警察子女的恐嚇言論，甚至威脅「黑警死全家」。由六月至十一月底，3140 名警務人員及家屬被起底。

「香港是我家，我一定好好守護！」遭暴徒施襲割頸險些沒命的警員，被冷箭射傷的傳媒聯絡官，被潑腐液大面積燒傷的阿 Sir，被全家起底的警官，還有一位位受傷的、受欺凌的香港警察，在 2019 年暴火紛亂的街頭，面對毫無底線的身心傷害，他們浴血奮戰，他們無怨無悔……

香港警察先後被《環球人物》雜誌及《亞洲週刊》評爲二零一九年度人物。《環球人物》讚賞香港警察，在長達半年的修例風波和黑色暴力中，始終秉持正直誠實、尊重市民、承擔責任的原則，爲維持香港秩序竭盡所能。《亞洲週刊》形容香港警察是香港社會的「定海神針」，是香港市民福祉的「守護天使」，在關鍵時刻，影響了歷史的進程，守衛香港的法治。

勇往直前

　　「香港是我家，我一定好好守護！」遭暴徒施襲割頸險些沒命的警員，被冷箭射傷的傳媒聯絡官，被潑腐液大面積燒傷的阿 Sir，被全家起底的警官，還有一位位受傷的、受欺凌的香港警察，在 2019 年暴火紛亂的街頭，面對毫無底線的身心傷害和凶殘的暴徒，他們浴血奮戰，他們無怨無悔。止暴制亂，香港警察盡顯英雄本色！

暴徒欲圍毆倒地警員
警同袍被迫拔槍制止

警員屢被暴徒圍攻夾擊，頭破血流，有遇襲
警員眼角受傷需縫 15 針

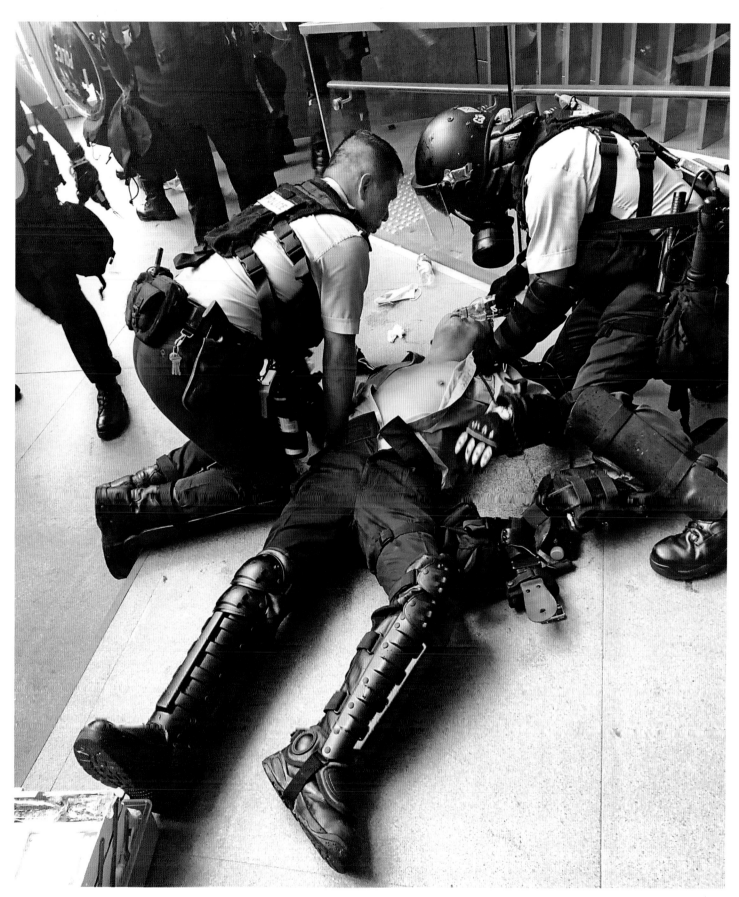

2019 年 6 月 12 日，暴徒在立法會及政府總部附近逞暴，朝警方防線掟雜物，有警員被硬物擊中受傷昏迷

警員被暴徒咬斷手指

7月14日，落單警員在新城市廣場內被圍攻

7月13日暴徒大亂上水，約百名暴徒以雨傘、鐵棍圍毆四名警員逾十分鐘

暴徒無法無天，用雨傘圍毆警員

暴徒不斷朝警方扔長傘等凶器

暴徒成群結隊，趁警員落單即群起圍毆

血肉之軀

「警察的職責就是守護香港，這一點從來没有改變！」有遇襲受傷警員堅定表示。

暴亂無日無之，警察盡忠職守，維護法紀，長期加班，食無定時，捧着飯盒坐在路邊隨便吃幾口就是一餐，有時甚至累得席地而眠。

正義之師最大的心願，就是讓香港社會早日回復安寧。

林鄭到前線慰問警員
指無警隊香港會更難過

為保社會安寧，前線警員即使日曬雨淋亦緊守崗位，絲毫不敢懈怠，休息時仍身着制服，午餐是席地而坐吃飯盒充飢

為保障公眾安全和維持社會秩序，烈日當空下警察依然全副武裝守在前線

堅守崗位

　　每次衝擊都有警察受傷，
血肉模糊的斷指、灼傷燒焦的
皮膚、血流披面的慘狀，迄今
至少有 450 名警察在暴亂中受
傷。儘管傷痕累累，儘管被泛
暴派顛倒是非黑白，受到不公
正的抹黑指控，他們仍保持最
大克制，堅守崗位！

暴徒在各區堵路、打砸，更衝擊警方防線，
而警方專業盡責，廣受好評

警察不辭辛苦，止暴制亂之餘，更主動清理道路上的路障，為市民開路

暴亂現場真假中外記者高舉攝錄器材，大都對準前線警員，警員盡顯專業本色

2019 年 8 月 5 日，黃大仙警察宿舍被大批暴徒包圍破壞，外牆遭噴上「禍必及妻兒」等仇恨字句

黃大仙警察宿舍有住戶的玻璃窗被磚頭砸爛，小童房間的睡床亦布滿玻璃碎

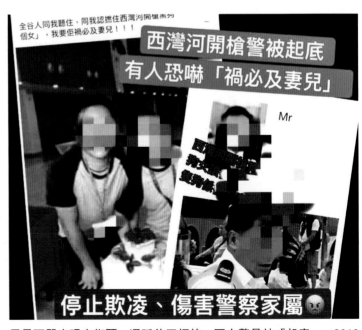

黑暴不單出現在街頭，還延伸至網絡，不少警員被「起底」，2019年 6 月至 2020 年 1 月，有逾 3,200 名警員及家屬的個人資料被披露

警方執法時受攻擊，警車遭暴擊，7 月 27 日元朗暴亂期間，有警車被暴徒包圍，車身被噴漆，車窗更被扑爛

警察面對暴徒的熊熊火焰
毫不退縮

無懼挑釁

「支持警察的人相對是沉默的，但並非少數。只要我們真心、小心工作，不要『蝕章』，只要繼續謹守崗位，必定會贏回市民的尊重和信任。」連月的暴力衝擊，前線警員不斷面對搞事者的辱罵及挑釁、暴力衝擊，更有過百個鏡頭近距離拍攝他們工作的每一個細節，心理壓力非常大。香港警察始終保持專業、克制，忍辱負重，堅定護法。

「光頭警長」劉 sir：
內心沒有仇恨　香港仍將繁榮

縱有搞事者惡意謾罵挑釁、無視法紀肆意破壞警署，但香港警察依然冷靜應對，無畏無懼

7月7日，搞事者企圖癱瘓西九龍站，警員執法時，大批搞事者不斷叫囂，有人更用激光筆照射警員眼部

搞事者夜晚在九龍區四竄，警員執勤期間不斷受到挑釁，更有搞事者將警員推跌

市民力撐

「香港有你，繁榮再起」，
「撐警隊，保治安，護安寧」，
「感恩你們」……各區警署內
的留言牆上，貼滿了來自四方
八面的暖心祝福，市民向奮戰
了六個多月的警員們致敬。

三萬名香港警察，拚盡全
力守護香港七百萬名市民。你
們是英雄，無愧全世界最優秀
警隊的美譽！

警方忍辱負重止暴制亂，獲香港市民力撐，
市民不斷到警署為警察打氣，有市民在暴雨
中為警員遮風擋雨

一批愛國愛港市民到沙田警署支持警隊依法懲暴，大讚香港警察盡忠職守

市民向奮戰了多個月的警察們致敬

信和集團主席黃志祥（中）攜長子信和集團副主席黃永光（右）及次子信和集團聯席董事黃永龍（左）齊發聲反暴

九龍倉首席顧問吳光正（左）和兒子會德豐集團主席吳宗權（中），信和集團副主席黃永光（右）冒雨撐警

鍾鎮濤、譚詠麟等演藝界名人冒雨現身集會。鍾鎮濤發言強調奉公守法是理所當然的事

市民自製心意卡和畫漫畫感謝警隊

公道自在人心：
香港警察專業表現獲國際機構認可

江樂士表示，香港警察在應對暴徒和暴力事件時極為專業

英國「國會跨黨派香港小組」於 2019 年底創立，以「推動香港民主進程和關注侵犯人權狀況」為宗旨。在 2020 年 1 月 27 日，其聯合主席兼國會議員卡邁克爾（Alistair Carmichael）在英國下議院提出一項動議，聲稱香港警察在處理示威騷亂期間「濫用暴力，違反國際標準」，並告誡國際社會：「若不譴責香港警察的違法行為，將會樹立一個極壞的先例」。卡邁克爾成功游說另外 21 名國會議員聯署動議，要求外相藍韜文向聯合國人權理事會表達關注。

卡邁克爾的舉動並不讓人感到意外，皆因他與從事抹黑特區政府和香港警察的「香港觀察」有密切聯繫。該組織的主席羅傑斯（Benedict Rogers）在上月指控香港警察無理拘捕英國駐香港領事館外的一名示威者，最終自暴其短，被英國外交部反駁他的指控不切實際。遺憾的是，卡邁克爾和許多人一樣受羅傑斯所蒙蔽，並且被招攬入局為該組織效力。

國際評分認可香港警察表現專業

在散播失實消息方面，「香港觀察」當然不是單槍匹馬。全球的反華勢力正蠢蠢欲動，透過散播有關香港的失實報道來掀起一場打擊中國的運動。在 1 月 29 日，一向無的放矢的國際特赦組織指責香港警察使用「不必要的過度武力」，並指他們「濫用」胡椒噴霧和催淚彈，使用橡膠子彈和布袋彈「置公眾於危險」。在 1 月 8 日，由兩位狂熱反華分子，美國參議員魯比奧（Marco Rubio）和眾議員麥戈文（James P McGovern）領導的「美國國會及行政當局中國委員會」責難香港警察使用過分武力，違反國際標準。

在應對七個多月的暴亂期間，香港警察極度克制，表現專業。最近在智利、法國和伊拉克的騷亂中多名示威者死亡，但香港的暴徒卻沒有一人因警察平亂而喪生。公道自在人心，單憑這一點都足以證明香港警察在應對暴徒和暴力事件時極為專業。另一方面，不是所有人對香港警察的傑出表現都視而不見。

獨立國際組織「世界經濟論壇」發表 2019 年全球競爭力報告，當中研究了 141 個國家和地區以及相應體制。當中一項評分

指標爲「警察服務可靠程度」，以 1 分至 7 分之間評價每一個司法管轄區。香港警務處在 2017-2018 年的評分爲 6.3，位列第 8，在 2018 年的評分同樣爲 6.3，位列第 6，而在 2019 年則再度排名第 6，但這次的得分爲 6.4，創近年佳績。相比之下，美國以 5.7 分排名 26，而英國則以 5.2 分排名 37。

從 2009 年開始即位居加拿大獨立公共政策研究智庫排名首位的菲沙研究所每年都會公佈人類自由指數。該指數包括 76 個彼此獨立的評估項目，對 12 個領域中的個人自由及經濟自由狀況展開廣泛的評估，其中有一項指數是「警隊可信賴程度」。

菲沙研究所去年調查了 162 個國家和地區，發佈了 2019 年人類自由指數，香港名列第 6，在「警隊可信賴的程度」方面得分 8.9（最低是 0 分，滿分是 10 分），這個成績比 2018 年的第 8 還要好，而香港在 2017 年則位列第 15。相較而言，英國在 2019 年的得分是 8.3，位列第 18，而美國得分 8.2，位列第 20。

另外，總部在倫敦的列格坦研究機構（Legatum Institute）也戳破了「香港警暴」的謊言。該研究機構是一所公共政策研究智庫，每年對全球 167 個國家和地區的財富與福利狀況進行評估。其中一項指數是「安全與保安」，內容涉及暴力犯罪、財產犯罪、與政治相關的恐怖襲擊和暴力行爲，恐怖主義以及戰爭、內亂。2019 年，列格坦研究機構連續第二年將香港的公共安全列爲全球第 4 位，對這個成績，警隊當然可以引以爲榮。

相較而言，英國位列 16，美國則遠在第 50 位。

駐港外交人士有道義責任講出真相

卡邁克爾、魯比奧之流應該褒揚香港警隊，讚揚他們保護社區不受赤裸裸的恐怖主義威脅，而不是去打擊警隊士氣。駐港外交人士有道義上的責任講出真相。

不幸的是，在傳播真相方面，美國駐港澳總領事史墨客恐怕指望不上了。2019 年 8 月，有人揭發美國總領館的政務參贊 Julie Eadeh 在某酒店大堂向參與「港獨」運動的抗爭頭目面授機宜。當她被人揭露之後，美國國務院不但沒有道歉和將她召回，竟然還無恥地聲稱此次會面屬於領事館的正常工作，甚至編出個理由，把她描繪成受害人。而且，就算史墨客能夠給他上司國務卿蓬佩奧如實報告止在香港發生的恐怖事件，可是，蓬佩奧的政治態度出奇地扭曲，自然會對這些報告不予理會。

英國駐港總領事賀恩德也許還能傳播一些真相。賀恩德的上司是英國外交大臣藍韜文，藍韜文的前任是侯俊偉，侯俊偉明顯被「香港觀察」所誤導，不斷爲香港暴力抗爭洗白，而且詆毀香港警隊。這種情況終於在藍韜文 1 月 24 日上任之後有所改變。

藍韜文在最近有關香港的報告中坦白承認：香港的抗爭人士搞破壞，包括破壞公私財產，試圖逼迫銀行關門，阻止地鐵站和機場運作，一些暴力分子還向警署等地投擲汽油彈。藍韜文還強調不能縱容暴力行爲。賀恩德可能對反華分子不斷誤導實情而感到震驚，開始着手導正視聽了。果真如此，希望他的聲音能夠傳出去，讓侯俊偉知道，卡邁克爾提出的動議純粹是爲了搞亂，而香港警隊理應因其一貫英勇表現以及堅定不移爲香港服務而獲得稱讚。

江樂士 Ian Grenville Cross
刊於 2020 年 2 月 20 日《文匯報》

（作者是前刑事檢控專員，本文的英文版發表在英文《中國日報》上，有刪節。）

遭狂徒割頸永損聲線
警長 Alex：天職除暴　我没有恨

Alex 遭暴徒兇殘割頸

醫療界專業人士自掏腰包用實名登廣告撐警

持續半年多的暴亂，已有超過 500 名警員受傷，警長 Alex 是重傷者之一。2019 年 10 月 13 日，Alex 奉召到港鐵觀塘站處理一宗刑事毀壞案件，卻没想到自己會徑鬼門關前走一轉，而撿回性命的他，卻永久失去了原有的聲線。

執勤「驚」歷：暴徒像喪屍

當日下午，Alex 與同事在港鐵觀塘站執勤，黑衣暴徒在他們身後叫囂。Alex 突然感到有人從背後戳自己頸部，他憑藉本能轉過身來迅速制服了手持武器的暴徒。這電光火石的幾分鐘裏，Alex 根本没有意識到自己受了多重的傷，當發現地上流了一攤血，自己的上衣被染成紅色時，才知道鮮血是從自己的頸部滲出。Alex 在現場接受緊急治療後被送往醫院的 ICU 病房，醫生診斷，他的右頸靜脈與迷走神經被割斷，「好彩没割中頸動脈，如果割中，我應該已經無命了。」

接受《大公報》專訪時，Alex 用嘶啞而微弱的聲音，慢慢的逐個字說，剛吐出幾個字，馬上咳嗽。加入警隊超過 20 年的 Alex 說，「他們（暴徒）同我以前認識的香港人好不同，以前大家有商有量，好有禮貌，不會郁手郁腳；但現在這班人，一見面就起哄、掟硬物，不斷攻擊。」

但原來頸還不算最深刻的「驚」歷，Alex 說要在九龍灣港鐵站應付「屍殺列車」更恐怖，「成班暴徒像喪屍般，不斷兇殘地襲擊警員！」那是 2019 年 8 月，當天他駐守在已關閉的九龍灣港鐵站內，車站大閘已關，但大約 30 名暴徒在閘外不停叫囂、挑釁，不停用雨傘及硬物擲向警員，擾攘足足四個多小時。

「香港是我家，我一定好好守護」

2020 年，Alex 希望香港盡快回復和平。曾經險死於暴徒之手的他說，對暴徒没有「恨」，因為身為警隊一員，他没半刻想過退縮，「維護法紀、除暴安良，是我的工作，任何地方都不可能没有警隊！香港是我家，我一定好好守護，想不到有什麼理由要走。」

英勇撲救着火同袍

輔警 Philip：在前線守護香港　當差的心更堅定

2019 年 8 月 11 日，暴徒在深水埗非法集結期間，向警員投擲汽油彈，馬路上多處火光熊熊

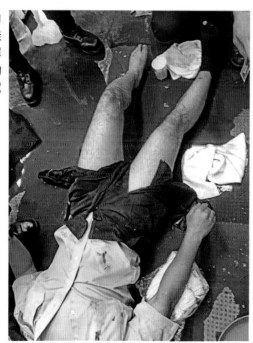

尖沙咀警署內有警員被暴徒投擲的汽油彈擊中，腿部灼傷，衣服多處染上血跡

「**同**事分分鐘會沒命　暴徒完全沒有人性！」身形高大的 Philip，回憶起同事在暴徒圍攻中身體着火那一幕，再也無法控制情緒，弓起背，眼淚奪眶而出，哽咽到無法繼續講述。當了 25 年輔警的 Philip，從未想過有一天會見到同袍遇到這樣的情景。

同事慘叫聲　連月難忘

2019 年 8 月 11 日傍晚，一群暴徒圍住尖沙咀警署，向內投擲汽油彈和磚頭。輔警 Philip 穿着防爆衣在警署內防衛，突然聽到同事痛苦的叫喊聲，一回頭，他呆住了，一名同事腿部着火，痛苦倒地。Philip 隔着幾米遠，一個箭步衝過去，用整個上半身撲在同事腿上，防爆衣的防火性能成功撲滅了同事腿上的火焰。Philip 手腳都有擦傷，但他來不及查看，因為同事的半截褲管被燒掉，雙腿都被燒傷，這一場景令他幾個月來都無法忘記。Philip 反覆說：「如果我沒有整個人撲上去，火馬上就會躥上來，我同事會沒命的！」

「警隊教我如何堅持正義」

25 年前，以輔警身份加入警隊後，Philip 再也沒有離開。他換過好幾次正職，卻從來沒有換過輔警這份兼職。「警隊教會了我太多人生道理，日常處理的街坊糾紛教會我如何處理人與人之間的關係、如何處理家庭關係、如何教小朋友，和同事之間的相處教會我什麼是溫暖，警隊的工作教會我什麼是榮譽、如何堅持正義……」

當被問到為何在這種危險時刻仍然堅持做輔警？Philip 愣住了，顯然他腦海中從未有過「不做輔警」這個選項。想了差不多一分鐘，他回答：「我真的從來沒想過這個問題，不論什麼時候，我都不會離開警隊的，更何況是現在，那麼多同事在前線守護香港，我怎麼可能離開？」

理大外遭利箭貫腿　箭頭深入九厘米
警長阿 Sam：暗箭難防

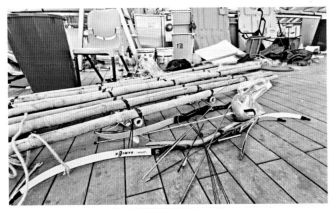

理工大學被佔領期間，暴徒頻頻出動殺傷力極強的弓箭，朝警方防線亂射

11 月 17 日，警察傳媒聯絡隊警長 Sam 在理大執勤期間，遭暴徒以利箭射中小腿

警長阿 Sam 從警 19 年，他曾在機動部隊、衝鋒隊、刑事偵查等多個前線崗位工作，自從 2017 年兼任傳媒聯絡隊隊員開始，他數不清有多少次在一線協調。但是，經驗再豐富的警察，要應付從暗處射來的「冷箭」，仍然是防不勝防。

「我要早點回去幫手」2019 年 11 月 17 日下午，Sam 在香港理工大學校園外的尖沙咀漆咸道南和柯士甸道交界處執勤，協調傳媒工作。此時的理大，已被暴徒佔據。他們在連接九龍與港島的交通要道紅隧上縱火，還用磚頭、鐵欄甚至帶刺鐵釘設置路障，罔顧通行車輛及人士的安全，更向橋下扔雜物，投擲汽油彈，與警方混戰。

「希望早點回去工作」

當日身穿印有「FMLC」（傳媒聯絡隊）的藍色識別背心的 Sam，看到一批記者聚集的位置處於防暴警察和示威者之間，不時有汽油彈和磚頭從理大方向扔出，情形危急。於是，他前去引導記者轉到安全位置。突然，他感到左腿一陣刺痛，初時還以為自己被磚頭砸中，不得不除下防毒面罩查看傷情。看到後，Sam 自己也嚇了一跳，竟是一支幾乎有一米長的箭直插入小腿，箭矢幾乎貫穿小腿。在場人員即時為 Sam 剪開褲沿，剪短箭矢，送往附近醫院進行手術。所幸手術順利，箭頭被取出。Sam 說：「後來醫生告訴我，箭頭深入腿部九厘米。好在是腿部中箭，沒有重要器官，如果是上半身哪個部位中箭，後果真是不敢想像。」Sam 說，因為腿部受傷，現在還不能跑步，希望早日康復，早點回去工作。「你知道，現在所有同事都很忙，都有很大的壓力，我要早點回去幫手。」

遭潑腐液三級燒傷
小虎 Sir：從未試過痛到失控

2019 年 10 月 1 日，奉命駐守屯門大會堂、保護國旗的防暴警小虎 Sir，慘遭暴徒潑腐蝕性液體

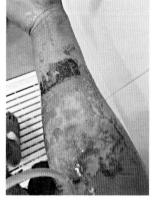

小虎 Sir 的制服被腐蝕性液體燒穿，身上多處皮膚嚴重燒傷，需進行植皮手術

小虎 sir- 警察最痛（上）：
我被鏹水彈擊中後

小虎 sir- 警察最痛（下）：
不希望再有同事受傷

「不能保護自己，將來如何保護巾民？」在醫院經歷同傷痛作鬥爭的四十多個日與夜，練武多年的小虎 Sir 流露出些許自責。2019 年 10 月 1 日，約有 300 至 500 名暴徒在屯門大會堂外非法聚集，有人企圖毀壞國旗。小虎 Sir 和同事們在收到指令後即刻上前驅散並拘捕暴徒。混亂之中，他的左側鼻骨不幸被打裂，更可怕的是，右手前手臂皮膚突然灼痛，短短 10 秒之內，皮膚由淺白色變成咖啡色，冒出白色煙，轉眼間，咖啡色又變成血紅色，出現點點水泡，血水在水泡間不斷流出⋯⋯

「從未試過痛得失控，痛到不斷踢車門。」暴徒堵路，救護車不得不兜路，通往醫院的歷程，可謂小虎 Sir「人生最痛的 30 分鐘」，「因爲沒有水沖洗的緣故，化學物質繼續侵蝕、破壞我的神經線。那種痛楚，不能用言語形容。」終於到了醫院，小虎 Sir 已經完全感受不到醫生拿起自己的手，醫生告訴他，傷勢達至三級燒傷，好嚴重！在醫生看來，這一層級的化學品創傷最麻煩的， 等待小虎 Sir 的，是一次次循序漸進的手術，一道道需要強大意志力闖過的難關。在刨走壞死的皮和組織後，醫生在傷口上鋪了一層屍皮，避免傷口在空氣中暴露太久。

「最高紀錄 500 粒釘在我身上」

一星期後，醫生將含有骨膠原和蛋白質的人工皮鋪在傷口上，令傷口得以吸收營養。又過了三個星期，小虎 Sir 直面「最難的、也是最痛的」第三次手術 (植皮手術)，手術需要植自己大腿的皮膚到所有的傷口上，「由大腿內側向外取皮，那種痛楚比手 (被灼傷) 更劇烈。」取皮的火燒感持續了三個星期，後續皮膚生長引起的痛癢也不好受。這位挺過常人難以忍受煎熬的真漢子術後感慨：「第一次見到自己手上有屍體的皮和好多粒釘，最高紀錄是第二次做完手術的狀況，應該有 400 至 500 粒釘在我身上。」

「醫生和護士都不想我痛，強烈建議我吃嗎啡，吃止痛藥。但我不想，不想依賴藥物，倒不如清清醒醒地望着、去感受一下這過程。」

讚

正義的市民

沉默的市民起來吧，
站出來吧！
發出最強反暴之聲！

市民不願市行中暴徒挖路破壞，齊齊走上街頭清理路障

堵塞道路、縱火傷人、打砸商戶、襲擊警察、「起底」威脅，種種惡行蔓延，法治秩序蕩然無存，眼看家園飽受暴亂衝擊，香港市民終於不再沉默，一次又一次發出反暴最強音，一次又一次以行動恢復秩序：

2019 年 6 月 30 日，16.5 萬市民在滂沱大雨中集會，「撐警隊、護法治、保安寧」，支持警察嚴正執法。7 月 20 日，31.6 萬港人無懼風雨，再聚金鐘添馬公園，高聲宣讀團結守護香江的誓言：「我們不要暴力！我們不要撕裂！我們要法治！我們要和平！」8 月 17 日，47.6 萬港人又再冒着風雨發出怒吼，表達港人堅拒暴力的主流民意，高呼「反暴力，救香港！拒絕攬炒，齊救香港！」

當狂風惡浪襲至，有人避而遠之，沉默隱忍；有人吶喊抗擊，守護家園。在香港挺身抗暴的，有社會賢達，也有尋常百姓。他們是疾風中的勁草：

茶餐廳侍應周曉東質問舉着美、日國旗的亂港分子：「你們知不知道國恥？」儘管因此遭到暴徒狂毆至命危，須養傷多月，但他認為自己做了對的事：「就算時光倒流，我仍然會痛斥暴徒！」

市民林先生因保護國旗遭暴徒群毆，但他同樣無怨無悔，表明若再遇到有人破壞國旗，仍然會站出來：「希望更多市民站出來，做個勇敢的中國人！」

茶餐廳老闆娘李凱瑚因表明撐警立場，屢遭暴徒惡意針對，嚇到街坊都害怕受累而不敢幫襯，生意額暴跌九成，但她毫不退縮，堅持原則：「我支持警察！店舖大門為你哋打開！」

市民廖先生在旺角清理路障時遭暴徒以渠蓋襲擊頭部，頭部縫了 10 針，但他反暴決心更堅定了：「如果大家都不出聲，整個社會會更沉淪，每人都應該發聲！」

黑衣暴徒持續半年多的暴恐破壞，讓愈來愈多的市民忍無可忍，自 11 月起紛紛走上街頭，用清理路障、清理「毒牆」的行動，表明對暴徒的憤慨，向黑暴說不。街坊憤怒斥責暴徒的聲音此起彼落：「走啦！唔歡迎你哋（暴徒）呀！」

齊心清障

暴徒利用竹枝、磚塊等雜物在全港多處設下重重障礙，市民出行大受影響。即使暴徒公然恐嚇，甚至向人群投擲汽油彈，但一班正義的香港市民無懼黑暴，齊心合力清走路障，用行動告訴暴徒：「我們受夠了！」

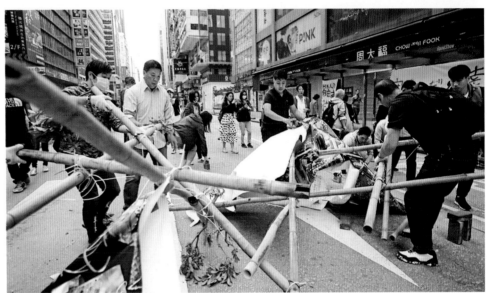

在市民的努力下，暴徒遍布在全港多區的各類路障被拆走

市民齊心協力，將橫在路中的鐵欄移往路邊，為車輛開路

一班正義市民組成人鏈，搬開砌在路中的磚頭牆

發聲救港

暴亂無休無止，暴徒私刑頻頻，眾多拒絕攬炒的香港人不再沉默，選擇發出自己內心的聲音！他們手揮國旗區旗高呼愛國愛港，他們走上街頭高聲譴責暴力……他們無畏無懼、不遮不掩，盼望用自己一分力踢走暴力，讓全港市民有啖安樂茶飯食。

香港市民
高唱國歌 KO「港獨」

國慶 70 周年
香港市民街頭護國旗 凝聚正能量

2019 年 8 月 17 日，47.6 萬市民無懼風雨，再度齊聚添馬公園，向暴力說不，展示港人呼喚和諧穩定的主流民意

暴亂期間，不少學子淪為亂港派的棋子，市民促政府嚴懲暴徒，呼籲全社會反暴力救學生

2019 年 7 月 20 日，31.6 萬市民齊聚金鐘添馬公園，發出「守護香港」的最強音

逾百名愛國愛港的香港市民登上獅子山高唱國歌，
揮舞五星紅旗，高喊「止暴制亂，恢復秩序」

「撐警大聯盟」舉行集會抗議香港電台抹黑警隊，更有市民去信申訴專員投訴《頭條新聞》造謠

市民在美國駐港總領事館外遊行，抗議美國粗暴干預香港事務

市民到黎智英大宅外抗議《蘋果日報》顛倒黑白

關愛女生關注組到英華女學校抗議女教師蘇瑋善以身試法，誤人子弟

來自各行業的市民到旺角
民陣及教協辦事處樓下示
威抗議

居港外國人：只怕後悔没開口撐警

安德龍現身警察總部，冀以自己的行動，鼓勵更多人走出來反暴撐警

暴亂持續逾半年，社會出現暴力示威的同時，也有香港市民自發組織多次反對暴力、支持警察集會，其中一個西方面孔經常出現，備受關注，他就是安德龍。「我現在50歲了，我怕什麼？你要打就打。我最怕的是應該說話的時候沒有說話，怕後悔自己沒有開口。」安德龍在香港接受中新社記者專訪時表示。

以暴力追求的不是民主

意大利出生，在瑞士成長，曾於委內瑞拉生活，還到過台灣、上海等地求學深造，安德龍前25年成長在西方，後25年生活在中國，目前在香港從事商業貿易方面工作。修例風波發生以來，安德龍最初是在社交網站上參與論壇，和大家共同探討有關香港的問題。從看到有內地記者被打、晚上出門擔心會遇到暴力，再到朋友之間因不同觀點而關係破裂後，他意識到問題的嚴重性。「只在家裏上網，我心情還是很不好，後來有人問我是否有興趣參加支持警察的活動，那我說當然可以。」參與活動、表達觀點，讓他的悲觀情緒有所好轉，也覺得有所貢獻。

親睹美國搞亂委內瑞拉

「我在委內瑞拉體驗到了美國的干涉，體驗到社會特別亂，在瑞士我也做過一年所在城市的議員，所以相對比較了解政治。」

安德龍說。在他看來，雖然很多香港人嘴上說要追求民主，但採取的方式卻是暴力的、不民主的。「西方民主也還沒有成功，全世界還是挺亂的。」

安德龍指出：「像瑞士的民主環境特別好，但他們有最基本的條件，社會穩定，有政治意識，媒體是中立的，現在的香港沒有這些條件。」安德龍坦言，在中國生活的經歷，教會他很多，但在香港的事情上，他既有發言權，也沒有發言權，因為他畢竟是一個外國人。

「現在外國人在香港支持警察是很不容易的，會面對來自

安德龍說，參加反暴撐
警的活動，心裏感覺非
常好，因為人們是在用
和平的方式表達訴求

朋友的壓力，說不定還會影響工作，但我不這樣想。因為我在中國 25 年了，當我在鏡子裏看自己，我會想，如果我現在沒有開口，我怎麼看自己啊？我希望有一天我可以和我的孩子說，我那個時候開口了。」

每見警員必豎大拇指打氣

受訪中，安德龍告訴記者，他現在每天出門，只要看到警察，都會豎起大拇指並說「謝謝警察」，他願意從自己做起，樹立榜樣。「如果不支持警察，這個社會會變得特別亂，有了警察，我們心裏才會相對覺得還好，所以必須要支持警察。」

安德龍還期望，自己出面、發聲的行為可以起到「催化劑」作用，促使那些在香港「政治冷感」的外國人也逐漸參與到反對暴力、支持警察的活動中來。他認為，這不只是政治問題，更是關係到人性，如果有人無端被打，不管怎樣都要施以援手。

嘆部分港人無知　甘被美國利用

多次參與撐警活動後，由於看起來格外「顯眼」，安德龍也遭到一些人攻擊與「起底」，有人發恐嚇郵件給他，說他是「納粹」，他對此哭笑不得。「說我是『納粹』，我只能笑，我知道什麼是法西斯，我不同意你的看法我就用暴力，那才是法西斯。」安德龍說，香港人不應該那麼傻，看不到香港是被美國利用，是被當作阻止中國崛起的一顆棋子。「顏色革命都有一個過程，這個過程是怎麼做？要控制媒體、教育、洗老百姓腦，我發現香港這次很明顯就是一次顏色革命，因為我看到了在敘利亞、烏克蘭，他們是怎麼做的。」安德龍說，參加支持警察、反對暴力的活動，心裏感覺非常好，因為看到人們是在用和平的方式，但參與的人不夠多。「香港這個社會已經是特別特別好了，很自由，這方面在世界上排名都很高。」安德龍說：「也許要付出一個代價，香港才會意識到問題，才會發現自己是被利用的。」

居港 28 年英國人：
「香港的問題是自理不善，不是内地造成的」

居港 28 年的英國人約翰認為香港有很多自由，呼籲港人要懂得珍惜

早前 CGTN 在街頭訪問了一位居港 28 年的英國人約翰，他認爲「香港人權與民主法案 (Hong Kong Human Rights and Democracy Act)」是貿易戰的一部份，美國是幕後金主。還認爲有些人懷念英國統治時所謂「榮光時代」是錯誤的，香港有很大的自由。

約翰最後提及香港的問題是自理不善，不是内地造成的，這香港人自己造成的問題，需要香港人自己來解決。以下是片段的對話内容：

約翰：法案很荒唐

記者：爲什麼？

約翰：因爲我覺得美國人在暗地裏推助修例風波，他們是金主，我覺得他製造了一個問題。

記者：你在香港生活了多少年？

約翰：28 年

記者：28 年你和你的家人都在這裏工作和生活？你是從事金融業的嗎？

約翰：是的

記者：你的業務會不會受這個法案影響？

約翰：每個人的生意都會受影響

記者：你遇見的是什麼樣的影響？

約翰：我覺得這個法案影響香港作爲一個獨立金融中心進行貿易的能力

記者：這個法案生效後，你和其他金融業創業人士要幫助香港維持貿易和金融方面的優勢有什麼可以做的嗎？

約翰：我覺得香港人總是在適應環境，所以希望這次人們還能找到適應之策，就像他們以前面對變化的時候一樣，但是沒有人知道具體會有什麼樣的影響，我們還得觀察。

記者：你覺得這個法案對香港社會目前面臨的社會分化有何影響？我們剛剛見證了區議會選舉。

約翰：肯定沒有幫助，香港需要療傷，雙方都需要傾聽對方，從已發生的事情中吸取經驗，我認爲這次風波有認知問題和偏見導致，示威者不理解爲什麼有人不同意他們的

觀點，人們也很理解，示威者的出發點以及他們的強烈情緒從何而來，我想香港社會有一個巨大嘅割裂，兩邊都需要傾聽另一邊，否則我們永遠不能治愈。」

記者：這個法案呢？它會不會讓各方更容易互相傾聽？

約翰：我不這樣認爲。一點兒都沒有幫助。

記者：法案對貿易戰來說、對中美經貿摩擦來說呢？

約翰：首先我認爲這個法案是貿易戰的一部分，示威者有他們的關切，但是美國在火上澆油，也是背後金主，所以我認爲這個法案肯定是貿易戰的一部分，我真的相信美國在資金上一定在這場風波裏發揮了作用。

記者：你原本來自哪裏？英國嗎？

約翰：是的，英國。

記者：你在香港生活了 28 年，所以你看到了港英統治的最後階段以及回歸後的全部 22 年，你怎樣描述這兩個階段的區別？

約翰：我覺得一個很大的區別是手機的流行，以及像你一樣隨處可做實時報道的人，在港英時期情況當然很不完美，但是問題不會立即被媒體曝光，被全世界關注，但是現在每個人都有手機，把每件事都記錄下來，所以一旦有任何情況，所有人都知道了，我覺得這是一個很大區別，不僅在香港，這也影響世界各地人們看問題的方式，所以港英時期的香港沒有民主，他們（英國人）只是在交接之前的最後一刻才開始推行，我認爲與往日相比香港已經得到很多民主了，當然現在我們還沒有有些人想要的完全的民主，但是比港英時代要好很多，所以當有些人懷念英國統治，認爲那是什麼「榮光時代」，我覺得是錯誤的，我覺得香港仍然是世界上最自由的經濟體，經濟也很強勁，雖然暫時有下跌，事實上我認爲情況很是不錯的，你得承認香港是一個精彩的成功故事，香港回歸之後，我個人認爲中央政府在讓香港保留自己的制度方面做得很好，我認爲他們沒有干涉香港事務，香港的問題是自理不善，不是內地造成的，我認爲這是香港

人自己造成的問題，需要香港人自己來解決。

記者：你介意告訴我你的名字嗎？還是希望保持匿名？我們來自中國國際電視台 CGTN。

約翰：你可以用我的名字，我叫約翰·邁克凱爾（John Maguire），我想我沒說什麼過分的話，也許有些人不喜歡，但是這就是生活，我想在香港我們都應該有表達自己觀點的自由，也許有些人現在不這樣想。

記者：你們確實也在享受這樣的自由？

約翰：毫無疑問，我覺得香港有很多自由，我們可以發表意見，可以不同意別人，當政府做得不對的時候我們可以指出，我認爲這個局面應該得到珍惜，不過現在卻遭到有些人的踐踏。

記者：非常感謝！祝你度過一個美好的一天。

2019 年 11 月
中國環球電視網

黑色暴力之下，許多商舖慘被波及，不但被迫提早落閘關舖，亦因遊客市民被暴徒嚇怕減少上街消費，生意額大跌

痛

失敗的教育

誰忍心孩子在暴力中成長？

誰願純真的心被血腥污染？

假如，被騙上街頭、被黑暗吞噬的是你的孩子……

暴亂期間，竟有人將稚齡女童做「人肉盾牌」

教育病了，要治，病且重矣，也是共識，毋庸置疑，逾半年暴亂中，警方共拘捕逾 7000 人，當中近 3000 人是學生；年齡在 18 歲以下的有上千人，3 成人不足 16 歲。約 70 名教師及教學助理被拘捕，他們分別任教於幼稚園，小、中、大學。這些師生當中，不少人被起訴暴動、非法集結等嚴重罪行，正等候法庭排期審理。

看得見的可怕數字以外，「黃師禍生」的惡行更加觸目驚心。有幼兒園老師用漫畫灌輸「警察是壞人」的概念，不同小學、中學的教科書、參考書、考試卷充斥大量仇恨國家、歪曲歷史的內容。最典型、最惡劣的，是賴得鐘、戴健暉兩名仇警老師事件。他們一個佔據考評局通識教育科科目委員會主席之位，卻公然咒罵「黑警死全家」，另一個作為一間中學校長助理，竟惡毒詛咒警察子女「活唔過 7 歲」。

至於暴亂期間，中學生穿着校服暴打市民，大學生集體圍堵校長，侮辱教授，更加佔據校園做據點，加工製造大量汽油彈仿如兵工廠，攻擊警察，瘋狂破壞等。不可勝數的惡行背後，令人細思極恐的是：到底是什麼樣的教育土壤，種出這樣的教育毒果？

教協，號稱香港最大的教師工會，骨子裏是一個「政治邪教」組織。不說其以前的「黑歷史」，例如被踢爆「佔中」時已「開班」教黃師如何推學生參與，就說暴亂期間，面對青少年學生暴亂現象，面對一個個黃師煽暴惡行，教協就像一條巨大的教育害蟲的巢窩，包庇縱容黃暴師生。靠害！

香港教育長期有缺失，久拖不醫，如今危重症狀越發明顯。有病就得治，治病必須對症下藥。社會上許多有識之士列出了此病症狀，也開出系列藥方。不論是國情教育、中史教育、通識教育，師資問題、教材問題，還是隱藏在表面之下的各種政治、社會問題，症狀、藥方都已公開，人所皆知，如今欠缺的是一個醫囑一道藥引，是時候下定決心，團結協力，克服困難，努力醫治，讓香港的教育重回正軌。

70 教員涉暴被捕
政治入侵校園 害人子弟

黑暴持續多時，截至 2020 年 1 月 23 日，警方共拘捕 7165 人。近 3000 人是學生，而暴亂中約有 70 名教師及教學助理被拘捕，煽暴黃師實在難辭其咎！

女老師蘇瑋善，涉在旺角非法囚禁女途人

Alvin Tai
43 mins ·

祝福所用過暴力嘅黑警，如果有七歲以下嘅小朋友，佢哋過唔到七歲；如果7歲或以上，20歲前會死於非命，點解唔即死？因為想你哋同下一代有返啲感情，等佢哋過身嘅時候，令你有你打過青年嘅父母同樣嘅切身之痛。

可以話我惡毒，but, you did it first

中學老師戴健暉在社交媒體上詛咒警察子女

Colin Lai 賴得鐘

中學老師賴得鐘竟用「黑警死全家」的標語作為其臉書的頭像

縱暴黃師逐個捉

被捕黃師

陳姓講師（公開大學兼職講師）

2019 年 12 月 11 日，一名就讀職訓局青年學院的學生涉嫌夜襲巴士而被捕，報稱在公開大學任兼職講師的 29 歲姓陳男子當時企圖「搶犯」，以涉嫌阻礙警務人員執行職務被捕。

謝銘基（匡智屯門晨曦學校）

警方在 12 月 9 日凌晨，在上水區巡查期間在天平邨拘捕 12 名可疑男女，當中包括一名老師及六名學生，檢獲白電油及自製尖銳路障等證物，懷疑學生由「老師帶隊」犯法。

煽暴黃師

黃君謀（未知）

有大批搞事者在 8 月 5 日響應所謂「三罷」干擾港鐵正常行駛，意圖癱瘓交通。當日有路見不平的男商人正義發聲斥責，被黃君謀從後倒水「照頭淋」，二人起爭執打鬥，各被控一項普通襲擊罪，之後獲控方同意自簽 2000 元守行為一年。

蘇瑋善（英華女學校）

7 月 7 日在旺角參與圍毆及試圖搶奪女途人手機被捕，被控非法集結及非法囚禁他人罪，法庭審訊押後至 12 月 24 日。

戴健暉（真道書院）

7 月時，有網民揭發戴健暉在社交平台發表惡毒咒罵警察子女的言論。

賴得鐘（嘉諾撒聖心書院）

在社交平台煽動學生上街，將 Facebook 頭像換成「黑警死全家」標語。

譚玉芬（賽馬會官立中學）

7 月期間在社交平台辱罵警員及家屬，更疑似鼓吹學生杯葛警察子女。

蔡子烯（元朗公立中學校友會小學）

被揭在社交平台惡意轉載警察及家人個人資料，更聲言即使在校發現欺凌事件，只會向教育局答「唔知道」。

2020 年 1 月 1 日，警方在銅鑼灣以涉嫌非法集結拘捕 287 人，不少被捕者還一臉稚氣。由 2019 年 6 月 9 日至 2020 年 1 月 23 日，警方共拘捕 7165 人，當中 18 歲以下有近 1200 人

數看煽暴涉暴黃師

暴亂被捕教師	60 人 *
被捕教學助理	10 人 *
教育局調查個案	106 宗 ^
完成調查個案	60 宗 ^
初步成立個案	約 30 宗
	(正考慮懲處)

*2019 年 6 月 9 日至 12 月 8 日期間數據

^2019 年 6 月中至 11 月初期間數據

資料來源：警務處、教育局

2019 年 7 月 7 日，九龍區的暴亂中，一名女商人（前）涉舉機拍攝，被兩男一女年輕暴徒指為是女警，慘遭私刑

「黃師」害人　教協元兇
開訓練班　教學生違法傷人如何甩身

教協會長馮偉華（左起）、副會長兼立法會議員葉建源、教協前會長張文光一直在煽暴、縱暴

$\mathbf{學}$生思想愈趨激進，全因「洗腦黃師」植根學界，背後元兇正是教協。中學通識題目鼓吹佔街；通識科教師網上煽動仇警；名校女教師涉嫌凌虐女途人被控……本港教育「中毒」之深，令人震驚。《大公報》發現教協早在2014年違法「佔中」前已為「黃師」開訓練班，教走法律罅帶領學生參與違法運動，近日反對修訂《逃犯條例》的連串事件，教協亦活躍其中。有網民直斥教協「籌備五年，終於可以發圍一次！」教育界批評教協間接鼓勵師生參與暴力事件，完全與教育專業相違背。

《大公報》發現，教協多年來持續培育「洗腦黃師」，早在五年前已有講座教「黃師」走法律罅，帶領學生參與違法運動。

「佔中」前搵大律師搞講座

有關講座錄影片段在2014年8月、即違法「佔中」爆發前舉行，講者包括教協會長馮偉華及大律師黃瑞紅等。根據影片內容，教協明顯是指引教師推學生去參與違法「佔中」，以及教師帶學生去犯法後，如何逃避法律責任，內容包括聲稱「叫學生去『佔中』現場記錄、旁觀，而老師並非與學生一同參與，不會構成刑事責任」、「唔小心掟樽令對方受傷，亦可以話自己有意圖掟到你，並不會被告傷害他人身體」。事實上，教協在違法「佔中」期間動作多多，包括鼓動老師罷教罷課，又在佔領現場「開班」荼毒學生。

網民怒斥「害死後生一代」

根據講座解釋，刑事責任由犯罪行為及犯罪意圖兩者構成，犯罪行為包括作出某些非法行為，或不作出某些必需要遵守的行為。

在犯罪意圖方面，控方需要向法庭證明被告有意犯案。黃瑞紅指出，協助或教唆是指某人在另外一人作出犯罪行為時，向該另一人提供協助或作出鼓勵，一般需要在犯罪現場或附近；然而，純粹在現場並不足夠，協助者或教唆者須參與其中，而

教協在修例風波中鼓動師生參加暴動

教協在 2014 年違法「佔中」時在現場開班荼毒學生

其作為是協助或教唆。

不少網民看畢影片後感到十分憤怒，紛紛留言直斥教協毒害香港教育，「去圍觀，返學校做報告做藉口係冇事？」「這些人毒害學生，害死後生一代」、「啲黃教師知道教唆學生是犯法㗎？害完人一世，仲要學走法律罅逃避責任？呢啲喺咩道理呀？實在太荒唐，家長真的『自己孩子自己救』。」

教評會主席何漢權表示，教育比法律更高層次，但教協卻教老師走法律罅，明顯是不道德。他批評，教協長期騎劫教育界，更曾多次煽動老師學生罷課，由 2014 年至今，加上近年多宗暴力事件，教協從未有向暴力説不，敗壞了教界的專業形象，更影響老師、學生價值觀。

有中學資深校長批評，教協號稱擁有九萬會員，但由 2012 年「國民教育」、2014 年違法「佔中」至修例風波，教協多次發動罷課，對教師、學生多次參與暴力衝擊從來沒譴責，明顯是把教師、學生推向暴力前線，企圖對老師及青年學生「洗腦」，玷污純潔校園，根本不配作為代表教師的組織。

市民批評教協誤人子弟

Edward Yeung	不是今天的事！教協洗腦已十年又十年！只不過好多人太信任教師！
Raymond Lam	教協就是指教育同埋協助人去犯罪。
Peggy Fung	這就是顏色革命的可怕，精心，專業，有計劃的部署，布局……
肥強	講係佢，做係你，用錢打官司係你，留案底係你，前途盡毀係你，醒覺啦！
Chu Manchung	你聽佢哋講，跟人去掟磚揼人以為無事，跟住被拉告上法庭坐監留案底，搵邊個同你回復自由身呀？
dragon51113d5	犯罪訓練班，垃圾教協。

戴耀廷編審 內容荒謬
通識書無王管 煽仇中亂港

由「佔中」發起人戴耀廷編審的高中通識教科書《今日香港》內容荒謬，宣揚「中國威脅論」

自2019年6月起連串暴亂，不少參與者都是學生。這些尚未步入社會的青少年，何以忽然變得如邪教教徒般激進狂熱？偏頗的通識教育正是元兇之一。《大公報》記者調查發現，高中通識課本竟由違法「佔中」發起人戴耀廷編審！事實上，現時全港學校很多通識課本，普遍存在有傾向性的誘導，甚至煽動年輕人仇視政府，儼若對學生「洗腦」。有意見批評，教育局一直未有設立通識課本送審制度，導致課本淪為有心人的「政治宣傳品」，任由偏頗內容荼毒學子。

香港雖已回歸廿一年，但因教育失敗，部分人人心竟仍抗拒回歸。2014年發生違法「佔中」後，英國下議院曾藉機「了解」情況，邀請港生代表參與。當英國下議院議長問一個學生代表，希望英國如何幫助香港人拿到民主時，這位年輕人竟毫不猶豫回答：「我希望英國重啟《南京條約》和《天津條約》！」連英國人自己都感到震驚，連忙表示「辦不到」！回歸至今，仍然有如此荒唐的學生，不可想像，這位年輕人接受的是怎樣的教育。

美化暴力「佔中」教材宣「獨」

連串暴亂令社會重新反思香港教育，不少人士認為，正是香港的通識教育誤導了學生。《大公報》記者翻看過去十年的通識課本，發現不少內容涉及醜化中央政府和內地制度，美化暴力「佔中」事件，加深學生的誤解。

其中一本由違法「佔中」發起人戴耀廷參與編審的高中通識教科書《今日香港》綜合二版，偏頗內容包括幫西方勢力出聲，抹黑國家，甚至宣揚「中國威脅論」。在討論政治威脅部分，更狂言中國是獨裁政府，蔑視民主、自由、人權等普世價值，危害世界和平等等。

而在2013年非法「佔中」提出不久，教協理事方景樂便製作所謂的「佔中」通識教材，亦由戴耀廷任顧問及作審查，以大篇幅推介「佔中」操作詳情，有如一本「佔中行動指南」，39頁的教材中只在一頁不起眼處添加少許爭議意見，實為培養「港獨」的典型教材。

至於唱衰中國方面，由文達出版社出版的《現代中國》第二版，更把國企醜化成一隻兇惡的霸王龍，用煽動的語言，說「產業整合，國家要我來整合你們（民企）！」

又在第 66 頁中提到，改革開放後，中國官員為發展經濟不顧環境保育，漫畫中的官員站在煙囪林立、廢氣漫天的工廠前說：「在過去的數年，本市積極招商引資，生產總值有望翻一番！」至於捕風捉影、歪曲造謠的內容，更是充斥於一些通識教材中。

市民批教局「瀆職」任教師點寫

不少市民多次投訴通識教科書內有大量偏頗政治教材，紛紛在網上留言感嘆政府無做好監管。有人直接批評教育局官員瀆職，容許通識教科書對國家「好的不說，壞的無限放大」、「給教師自己編寫教材，就有機會給學生洗腦。」

書籍：《今日香港》綜合二版
　　　戴耀廷參與編審
出版：香港教育圖書公司

誤導內容

冒四方勢力出聲，宣揚「中國威脅論」。在政治威脅項中，妄稱中國政府是獨裁政府，蔑視民主、自由、人權等普世價值，危害世界和平。

全面思考

實際上，自詡民主的美國才是危害世界和平的元兇，不僅挑起伊拉克戰爭等戰事，還與中國等國家挑起貿易戰，弄得世界不得安寧。

書籍：《現代中國》第二版
出版：文達出版社

誤導內容

把國企醜化成一隻兇惡的霸王龍，用煽動的語言，說「產業整合，國家要我來整合你們！業管理（民企）」

全面思考

內地不斷深化的經濟改革，以及國企改革成果，他們永遠不會說。

書籍：《通識精讀》個人成長與人際關係

誤導內容

題目「行政長官選舉如何不民主？」有明顯引導傾向，題目已限定從「不民主」的角度討論選舉，側而支持「真普選」的歪理。

全面思考

事實上，就算在英美亦非完全一人一票選首相和總統，而一人一票的英國公投，還令不少英國人懊悔不已。

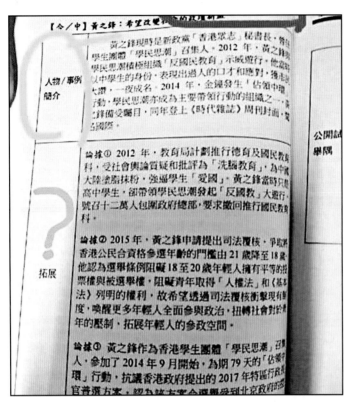

2019 年 10 月，一份印有基督教女青年會丘佐榮中學校名的通識教材，竟將「港獨」分子黃之鋒列入「中華傳統美德格言及名人系列」之中，美化和吹捧他煽動「包圍政府總部」、違法「佔中」等行為

保良局何蔭棠中學於 2019/2020 學年發出的中國語文科中一級溫習及評估（一）工作紙，該份習作的第十六題填充題竟是：「警察表面上維持治安，但實際上卻與黑幫暗中勾結，置市民生死於不顧，真是（16）＿＿＿＿＿」，工作紙為評估之用，但題目明顯表示警察與黑幫勾結，更要求學生利用現有知識抹黑警察

2019 年 7 月，聖士提反書院被揭有教師以街頭抗爭作為考試內容，試卷的插圖赫然是四名警員抬起一名「示威者黃先生」，「示威者」高叫「佔領街道不是犯罪！我們要求『一人一票』選行政長官！」的政治口號，而試卷的問題則偏向示威者角度，要求學生用自己的知識解釋示威者要求有何「優點」，圖中的執法警員更被畫得惡形惡相

2019 年 6 月傳出的沙田地區名校的小二常識科工作紙鼓動學生仇警，要求學童就有關《逃犯條例》遊行報道繪畫圖像，有學童畫出的儼然就是金鐘衝突中警方與示威者對峙的場景

洗腦上前線　暴徒阻撤離　逼掟汽油彈
理大哨兵醒悟：佢哋變咗質

理大暴亂事件中，《大公報》專訪一名參與中人暴亂、在理大當哨兵的年輕黑衣人，親述沉淪暴亂半年，誤走違法歧途的心路歷程。種種黑暴惡行，令他開始反思不能再以「和理非」自欺欺人了，現在早已「和勇不分」。他忍不住向記者坦言：「我都覺得佢哋變咗質！」

21歲的黑仔（化名）與「手足」、18歲的光仔避過理工大學警方防線，二人逃離理大後，光仔因涉嫌其他暴亂罪落網上庭，日前黑仔戴黑色口罩、黑帽半遮掩樣貌到法庭旁聽；未開庭前他不斷用電話發布訊息，向暴亂小隊成員匯報案件進展。

「我同光仔屬唔同小隊，喺9‧21元朗集會認識，之後中環堵路再見返，大家都係「和理非」，理念一樣，經常約出嚟食飯，成為好朋友。」在職的黑仔說他的小隊成員都是年紀較大的在職人士，包括六十多歲的助暴「媽媽」；仍在學的光仔則與幾名中學同學組成另一隊學生暴亂小隊。

「佢叫我哋幫手出去打警察，我真係驚！」

黑仔與光仔多次一起參與暴亂，理大一役，黑仔不能透露正被審訊中光仔的角色，他稱在理大時自告奮勇當哨兵，負責駐守理大 V core 哨站，觀察警方舉動，用無線對講機向「上頭」匯報。黑仔說不知「上頭」是誰，每人在理大都不知對方身份，他只是定時守候匯報警方防線的最新情況，對講機另一方會傳來「收到收到」。黑仔說理大環境惡劣，滿地玻璃碎、飯堂無人清洗食用碗具，廁所衛生更糟糕得嚇人，他在理大第三天已想逃走，但遇到年長暴徒阻撓。黑仔憶述他與幾名成員向駐防的「海關」說已沒有裝備，要離開，但那名年約三十多歲的暴徒拿了一桶「物資」出來阻撓，「佢叫我哋幫手出去打（警察），我真係全心全意想走，我真係驚，因為無諗過會被警察封鎖。」黑仔拒絕再衝，其後看準機會與其他成員逃離理大。

黑仔說不關心政治，但與其他「和理非」一樣因2019年6月9日所謂的百萬遊行挑動他的好奇心，6月12日暴亂首次經歷催淚彈，此後便成暴亂常客，他亦愈走愈前，「出到嚟會畀大家感動到，你會見到前面第一排食催淚彈，跟住後面啲人一

齊話要接力，繼續做第二排前線，要接力同啲警察抗衡。」黑仔坦言受暴亂氛圍感染，不自覺愈走愈前，走上犯法之路。

「前排掟汽油彈收 8000 元，打警察就一萬」

黑仔有親戚是律師，經常提醒他掟汽油彈可判監十年（最高刑罰判處終身監禁），每次暴亂黑仔自知未能承受坐十年監的風險，堅持只做傘兵，曾多次被周遭暴徒游說掟汽油彈，他都堅決拒絕。惟只得14、15歲的中學生意志軟弱，「原本個個都驚坐監，但係會有人（暴徒）同佢講如果大家都唔做，就無人去抗爭，跟住就做埋一份。」黑仔說時壓低聲線。

由六月開始的多場暴亂，黑仔親睹看似最勇武約20多歲的暴徒，帶頭煽暴衝擊警方防線，發號施令「衝出去」，惟當防暴警開始追捕，該暴徒卻心快率先逃小，並非如煽暴「文宣」所謂的齊上齊落；而黑仔稱曾聽過前線的「手足」說過收錢「做呀」，「企前排掟汽油彈收 8000 元，打警察就一萬，我嘅律師表哥都話收到風係呢個價。」黑仔自稱他沒有收錢，是真心爭取所謂的「五大訴求」，但當記者反問他由最初相信參與的「和理非」變為後來做傘兵、哨兵「和勇不分」，又看到暴徒的自私、爭獰，他們口中的所謂「抗爭」是否已變質？黑仔低頭沉默不語，當他看見記者收起記事簿，關了錄音，才坦白承認：「我都覺得佢哋變咗質！」

雷射筆照射　三度推倒地
理大講師遭學生禁錮 5 小時

理大香港專上學院講師陳偉強上堂時被學生包圍及以粗口辱罵，學生將其禁錮近五小時才放行

理工大學香港專上學院講師陳偉強因提倡以暴動罪重判示暴徒，上堂時一度遭逾百學生包圍及粗口辱罵，威逼他道歉及收回言論，期間他多次遭推跌、被人用鐳射筆照射下體，遭禁錮近五小時。他事後直言，被圍堵批鬥的場面令人恐懼，過程更令他感到「叫天不應，叫地不聞」的無比絕望。

陳偉強在政府宣佈實施《禁蒙面法》後接受傳媒訪問時稱，新法規欠阻嚇性，認為應以暴動罪重判暴徒。未料有學生不滿陳偉強的言論，在 2019 年 10 月 8 日上堂時，發起「Sit 堂（旁聽）」行動，引來大批戴口罩的「學生」湧入教室，圍堵及高聲粗言指罵陳偉強，要挾他道歉及收回言論，更以鐳射筆照射他，過程前後長達五小時，其間他多次被人推撞在地。

網上片段顯示，當時多名「學生」於教室以粗口向陳叫囂，有人大叫「你好 × 驚嗎？」、「驚你就唔好 × 返學啦，返嚟又唔 × 教」、「你同我哋講啦，× 你老母」等，更有恐嚇指「你屋企使唔使『裝修』啊」。

其後，校方安排陳偉強與學生公開對話，逾 200 名學生出席，但拒絕傳媒進入會場採訪。不久，網上突然傳出多則「新聞」，大字標題宣稱「罵學生暴徒理大講師被停職」云云。受害人突然變成「犯事者」而「停職候查」，白竟然變成黑。

一批戴上口罩或面罩學生，在演講廳包圍並指罵陳偉強

科大生逼宮　圍罵史維
女生稱遭「非禮」阻校長離開

大批穿黑衣戴口罩的科大生包圍校長史維逾五小時，強迫其表態支持暴亂

有科大的內地學生，於校長開放論壇當晚遭大批黑衣人毆打

科大學生會於 2019 年 11 月 1 日晚發起「集氣」活動，近百名學生在科大賽馬會大堂前聚集，「為受傷學生打氣及祈禱」。科大校長史維活動後被現場黑衣學生包圍，不少人蒙面，還有人戴着「V 煞」面具，要求史維表態「譴責警方阻礙救護車救人」，並落實與學生公開對話。史維承諾當日公布下星期約見學生的確實時間，以及嘗試取得停車場閉路電視片段證據，但先要取得受傷學生家人共識。

而現場黑衣學生要求校長即場給予具體時間表，採取行動保護受傷或被捕的科大學生，包圍他逾五小時不讓他離開。有學生大聲威逼校長立刻決定具體的會面時間，包圍校長阻止他離開。有學生多次用粗口斥罵校長，亦有學生大喊「No freedom（沒有自由）」，被史維警告「don't say that（不要這麼說）」。史維之後苦笑一聲，被學生質疑「呢個時候居然還在笑」，大聲罵他無人性、心理變態。

至深夜近 11 時，混亂中有兩名女學生高呼被現場一名教員非禮，學生再就非禮事件圖逼校長即場把涉事教員停職，不讓校長離開。學生繼續圍住校長質問，場面多次出現混亂，至深夜 12 時才「釋放」校長離開。

電子及計算機學系副教授須江因支持校長，被集會上的女學生老屈非禮，其辦公室亦遭到大肆破壞

假對話真挾持
暴徒堵白車阻知專院長求醫

大批知專學生和黑衣蒙面人包圍救護車阻止救援

2019年9月，香港知專設計學院15歲女生陳彥霖浮屍油塘，警方及陳母均表示陳死因無可疑，而有人卻提出「覺得可疑」，要求校方公開全部片段。

女院長嚇到喊

10月29日，知專邀請學生閉門對話，有人要求公開對話，結果由室內包圍院長王麗蓮至室外。王麗蓮與學生對話時，一度受驚落淚，感不適需送院。王麗蓮登上救護車接受檢查，但大批黑衣人仍然包圍救護車近一小時。其後副院長黃偉祖出來繼續與學生對話，救護車才獲放行。

有人要求校方公開所有閉路電視片段，又稱不相信法庭，要自己尋覓真相；又要求校方發出「支持學生聲明」。對話期間，黃偉祖發言不斷遭打斷，更遭粗口辱罵。黃偉祖重申，至今已將可處理的片段公開，而校方亦已強烈要求死因庭召開聆訊，並已將所有片段留底。黃偉祖表示，學生可去信死因庭表達意見，而他仍然相信執法、司法機構是公平公正；他亦提議學生成立獨立調查小組去調查陳同學案件。

然而現場搞事者並沒有接受黃偉祖的解釋，數名穿黑衣、戴面罩及聲稱是學生的蒙面人移開鐵欄，走到黃面前，以威脅的口脗向黃提出院長翌日必須到場答覆的要求，更「護送」黃到一間課室，要求他30分鐘後再下來向大家交代跟進情況。

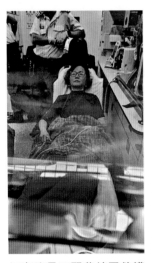

知專院長王麗蓮被困救護車內近一小時

黑衣蒙面人藉故在校內各處破壞，拉跌校內圍板

年輕人最缺的四個字……

2020年2月24日，警方在秦雅圓場外拘捕15名涉嫌刑事破壞的年輕人，他們年齡由14歲至29歲，29歲那個是老師，其餘14個都是學生。

事後，警方在香港警察臉書特別評論這件事，表示「非常關注有老師帶住學生去犯法」，指「學校和老師是指導年輕人的重要一環，有老師帶學生犯法的行動絕對不是文明社會所接受。」因為無論「理念有幾崇高，犯法就係犯法。」

不過，事件曝光後，社會似乎沒太大嘩然，畢竟這種「老師帶着學生犯法」的風氣，早已瀰漫整個教育界，大家開始習以為常。

八個月黑暴，最令人慘不忍睹，是出來犯法及被捕的人年紀愈來愈小，2020年3月11日又有七個年輕人因涉襲警案被捕，年齡最小的只得13歲。

13歲懂什麼政治？13歲能看透政治背後的齷齪？13歲不去踢波打機追女仔，而跑去為不認識的政治斷送前途？

2019年6月黑暴至今超過7500人被捕，當中三千多是學生，中學生超過1300人，大專生超過1700人。年輕人被洗腦是肯定的，但旁人的慫恿和掌聲也是最可惡的罪魁。

記得「佔中」初期，我仍未辭去浸大新聞系兼職講師的教席，最看不過眼的，就是每日黃昏看到大學老師的網上召集，「今晚我去金鐘，誰跟我請報上名來……」「今晚旺角缺人，請港島區調兵支援……」

老師在臉書貼出來的相片，是一個個寫上「地盤」的帳篷，這個寫着「浸大傳理」，那個寫着「中大哲學」，教師們說，他們是去保護學生，說穿了，就是幫兇。

五年後的黑色暴亂就更明目張膽了，今次老師的角色不單是推手，更是帶領學生打砸犯法的先鋒，而且帶出來的孩子愈來愈小。

我想起，八年前寫過一本書叫《火樹飛花》，當中採訪了十個1967年反英抗暴少年犯的故事，其中一個被訪者，就是當年帶領兩個學生放「菠蘿」的老師（67事件把真假炸彈統稱為「菠蘿」）。

「萬師禍生」令愈來愈多年輕人走上暴力最前線

老師當年帶着兩個中學生在九龍城放「菠蘿」被捕，她和一個18歲的女學生被判八年牢獄，另一個16歲學生也被判七年。

半世紀後，年逾70的老師接受我採訪，其中幾句反思很值得今日的年輕人深思：

「當時社會上對反英抗暴有不同聲音，但我們完全聽不進耳，老實說，我們也刻意不接觸那些勸你的人。道不同不相為謀，若家人反對，就選擇不回家，整天跟戰友在一起，同仇敵愾。」

「我們一直理直氣壯，一味高叫口號，抬着耳朵、蒙上眼睛，什麼也看不過眼，什麼也聽不進耳……那時候，沒人提倡家庭，犧牲小我嘛，但清醒後才發現，原來自己的事對家庭傷害這麼大。」

「每次社會抗爭，總有崇高的使命、堂皇的口號，去吸引年輕人參與。每個社會運動都有偏激行為引人注目，從而把運動引離原軌。回想自己和那時代朋友們走過的路，原來年輕人最欠缺的，就是『深思熟慮』四個字。」

半世紀前的一場社會運動，半世紀後一位老師的懺悔，希望能夠為今日熱昏了腦的學生和教師一點當頭棒喝。

屈穎妍

香港亂象背後的教育「病因」

小小年紀走上「前線」，誰之過？

兩個多月以來，香港持續發生極端暴力違法事件，一些年輕人包括學生受「反中亂港」勢力教唆參與其中，衝擊香港法治，挑戰「一國兩制」原則底線，侮辱國徽、國旗，甚至喊出「港獨」口號。這些本該安心學習的學生卻做出無法無天的惡行，既讓人憤慨、痛心，又值得深刻警醒和反思「暴」與「亂」背後的香港教育「病因」。

香港城市大學法律學院前副院長顧敏康近日撰文指出，如果說香港的教育「病」了，那麼首先就是教育者出了問題，其次是教材出了問題。因為教育效果如何，關鍵在於什麼人教和教什麼內容。如果教師客觀中立，則學生幸運，有可能被培養出真正獨立和客觀的思考能力。

由香港大、中、小學和幼兒園教師組成的「香港教育專業人員協會」（簡稱「教協」），是香港最大的單一行業工會及參與會員最多的組織，但其領導機構卻長期被反對派勢力所把持。2016 年 8 月，「教協」負責人葉建源公然表態支持中學生在校園內宣揚「港獨」。2019 年 8 月中旬，「教協」還主動發起游行活動，更縱容亂港團體煽動學生罷課。

全國政協副主席梁振英在社交網站發帖文表示，有些辦學團體和校長不敢處理政治立場偏激的老師，養虎遺患，最終被噬的是自己。中學教育環境必須淨化，未成年人不應參加政治運動，這句話不得含糊。

香港教育之病還在於在中學取消中國歷史作為必修科，以及無序加入通識教育。著名數學家、哈佛大學教授丘成桐曾直言，這都是一個災難，令香港學生變得「通通唔（不）識」，結果培養出一代缺乏歷史感、文化觀，沒有理想、楷模的年輕人。

香港回歸前，通識教育只是選修課，2009 年開始列入必修課，正式在香港高中推行；2012 年開始，通識教育被列入香港高考必考科目，重要性可想而知。

然而香港高中通識科推行 10 年，市面上的所謂「教科書」被多次揭發存在偏頗或錯誤內容。其課程內容、評核方式及存廢等問題一直備受爭議。

一些學校的通識教育各類教材常見如下內容：攻擊「一國兩

英華仔出現在尖沙咀暴亂現場，同「V煞」面具人同行

制」；美化非法「佔中」；激化香港與內地矛盾；負面解讀內地存在的問題，或者直接醜化；介紹內地時引用過時的數據；引用典型的西方視角下關於中國話題的負面結論。

2013年，「教協」出版《香港政治制度改革——以「佔領中環」為議題》，註明是「公民及通識科教材」，並請到非法「佔中」發起人戴耀廷作顧問。

持有這種激進立場的教師去教通識課，去給學生們講述香港的示威游行，會是怎樣一種情形呢？

香港教育工作者聯會會長黃均瑜接受記者採訪時說，香港中小學校現有約6萬名教師，其中不乏一些思想比較激進的教師。通識教育就是他們進行政治引導的一個平台，他們借此對學生進行煽動。

有資深通識科教師建議，教育局有必要審查通識教材，也有必要考慮規定統一教材。特區政府要理直氣壯地去做，因為這是不可推卸的責任。

2000年，香港取消中國歷史科為必修科。專家認為，一些香港青年因此在一個沒有歷史、沒有根的課程框架裏長大。香港回歸後成長起來的一代年輕人，對中國歷史認知不夠是普遍現象。

香港培僑中學教師穆家駿告訴記者，更嚴重的是一些教師對中國歷史進行歪曲和醜化，對學生起了負面引導作用。他們對一些歷史問題的闡述、對學生的引導，助長了年輕人對現狀的不滿。

令人欣慰的是，中國歷史科從2018/2019年度成為獨立的初中學校必修科。根據香港特區政府教育局2018年5月公布的新課程大綱，香港史將不再列為獨立課題，而是融入不同的中國歷史課題，希望借此培養學生的國家觀念。

兩個多月來，極端分子公開侮辱國徽、國旗，高喊「港獨」口號，種種言行深深刺痛了廣大香港和內地民眾的愛國心，而這也正是香港青年國民教育缺失所帶來的惡果。

「看看報章上的報道，好多有關內地的事情都被描述成負面的，青少年耳濡目染，他怎麼可能對國家形成客觀的認識。」香港將軍澳香島中學校長鄧飛痛心地說，香港缺失正面引導的國民教育，卻充斥着反對派負面宣泄、充滿仇恨的「教育」。

香港要撥亂反正，必須大力關注教育，並盡快推行國民教育。對學生推動國民教育，增強國民的國家認同感，是世界各地一貫做法，合乎港情世情，也是民心所向。

香港特區政府首任律政司司長梁愛詩說，希望現在的年輕人多花一點時間去了解國家和民族的精神和文化。香港回歸祖國，不只是換個旗、改個名，港人要有一個心路歷程，去認同國家、民族，接受國民身份。

2019年8月29日

新華社記者　劉歡

悲

重創的百業

黑暴仍未平息，
百業不見曙光，
打砸搶燒，誰埋單？

暴亂波及七百萬香港市民，各行各業深受其害，不少店舖捱不住相繼結業

黑風出沒，經濟重創，百業蕭條。持續前半年多的暴力衝擊，璀璨都市周身殘破，體無完膚，蒸發財富數以百億計。首當其衝的旅遊服務輸出總值按年急挫 10.4%，屬有紀錄以來最大年度跌幅。單在 2019 年第三季，零售、餐飲、酒店及旅遊相關行業的經濟損失合計約為 150 億元，相當於 2018 年第三季本地生產總值 2%。

暴亂持續升級，社會秩序大亂。全港逾千店舖被「裝修」，740 組交通燈受破壞，45 公里的路旁欄杆遭拆除；2900 平方米行人路的路磚被掘走；港鐵九成車站遭破壞，入閘機被破壞 1951 次⋯⋯

遊客不來港，市民不出門。以往被譽為全球最安全城市之一的香港，淪為全球廣發「旅遊警告」的城市，零售、飲食、旅遊業崩塌式下滑，昔日人聲喧嘩、繁榮熱鬧的街頭，吉舖湧現；節假日充滿歡聲笑語的主題樂園，亦變得冷冷清清。

旅遊及消費相關行業急挫的數字打擊觸目驚心：訪港旅客自 2019 年 7 月起由升轉跌，跌勢不斷加劇，12 月訪港旅客只有約 319 萬人次，按年大跌 51.5%，下半年整體訪港旅客錄得 39.1% 跌幅。全年訪港旅客人次減至 5590 萬人次，按年下跌 14.2%，為 2014 年以來最低。零售銷貨量在去年第四季按年大幅下跌 24.1%，是有紀錄以來最大的季度跌幅。

隨經濟情況急劇惡化，勞工市場亦加快轉弱。本港 2019 年 11 月至 2020 年 1 月期間，失業率為 3.4%，是 2017 年 1 月以來的新高。多個行業失業率處於高位，建造業成為「重災區」，最新失業率飆升至 5.7%，是 2014 年 3 月以來最高，當中樓房裝飾、修葺及保養業的失業率更高達 8.6%；零售、住宿及膳食服務業持續低迷，最新失業率維持在 5.2%，是自 2016 年 9 月的最高水平。

黑暴仍在出沒，百業不見曙光。無辜受害受累的人們，找誰埋單？

毀店

黑暴瘋襲下，店舖竟有了
黃藍之分！只要是黃店，無論
多差，都要去幫襯；若暴徒認
為是藍店，便群起而攻之，又
砸又燒。暴徒以為蒙受損失的
只有藍店，殊不知，陪葬的是
700 萬香港人！

黑暴瘋行後的早上
「又一城被『攻陷』」

暴徒不分是非黑白，肆意縱火燒中資商舖，
黑煙直攻樓上民居

優品 360 屢遭暴徒「裝修」，店舖鐵閘被強行撬毀，而貨架上的商品則被扔出街道

10 月 4 日晚，暴徒撬開中旅社鐵閘縱火

多間中國銀行分行的玻璃外牆被砸

11 月 12 日晚，黑衫暴徒闖入九龍塘又一城搗亂，更把汽油彈拋向商場中庭的巨型聖誕樹，商場內一度黑煙滾滾

中國建設銀行分行遭黑暴
狂襲，玻璃門被砸爛，櫃
員機等設施被毀

除了中資商戶，不少商場亦成為黑暴攻擊目標

暴徒每次破壞商舖時，都先安排部分人開傘
遮住暴行，企圖掩蓋自己的惡行，逃避刑責

蕭條

　　暴徒無惡不作，人人聞暴色變。黑暴所經之處，商户紛紛落閘，市民遊客亦避之則吉，一到假日或周末，原本熱鬧的地方變得冷清清，生意大減的商户叫苦連天卻無可奈何，繁華城市一片蕭條。

黑衣人到處破壞，一有示威遊行，商戶害怕自己成為黑暴攻擊對象，大都選擇落閘避難

暴亂不止，平時喜歡下樓散步飲茶的老人家也不敢出門，只能躲在家中靜觀街上的情況

市民不敢外出進餐，昔日忙得暈頭轉向的店員竟閒得要「篤手機」打發時間，心中萬般無奈

10 月 8 日重陽節假期晚上近 8 時，以往從早到晚車水馬龍的旺角，變得恍如死城

自從暴徒闖入酒樓肆意打砸後，食客擔心遇襲而不敢到酒樓飲茶

暴亂嚇怕遊客，商戶「拍烏蠅」

暴亂無休無止，不少商戶
捱不住，相繼「執笠」，
旺角、尖沙咀、銅鑼灣等
旺區也「吉舖」連連

港鐵屢成攻擊目標，毗鄰港鐵的大型商場為免遭殃亦選擇暫停營業

黑暴重挫百業

訪港旅客暴跌	零售銷貨額驟減	失業率創新高	損失數以百億
訪客五年新低： ▼ **14.2%** （2019年1月至12月）	逾20年最大跌幅： ▼ **11.1%** （2019年1月至12月）	整體失業率三年新高： **3.3%** （2019年10月至12月）	經濟損失 147.9 億元，相當於季度本地生產總值 2% （零售、餐飲、酒店及旅遊相關行業 2019 年第三季數據） · 零售業損失 **73.8** 億元
單月最大跌幅： ▼ **56%** （2019年11月）	單月最大跌幅： ▼ **24.2%** （2019年10月）	建造業失業率五年新高： **5.6%** （2019年10月至12月）	· 餐飲業損失 **30.1** 億元 · 酒店業損失 **17.8** 億元 · 訪港旅客其他消費損失 **26.2** 億元

資料來源：統計處、旅發局、政府經濟顧問辦公室

悲

大批身穿黑衣的搞事者聚集在尖沙咀半島酒店附近，半島酒店被迫關閉　　　　　　　　　　　　　　法新社

旅客聞暴色變，迪士尼樂園入場人數及酒店入住率亦大幅下降　美聯社

海洋公園遊客寥寥，昔日人頭攢動的「團體通道」如今形同虛設

訪港旅客因大批黑衣暴徒塞機場、堵道路紛紛避走

路透社

盼

香港回正軌

亂象何時了？
止暴制亂！
聽聽這片土地的呼喊！

香港需要動大手術

五年前香港發生「佔中」事件，社會從此分裂為黃藍兩種顏色。記得那年，藍色同溫層的朋友聚在一起會說：哎呀，這「佔中」揭示了香港教育有問題、司法出問題、傳媒大問題……原來香港有這麼多問題教師、問題校長、問題律師、問題法官、問題社工、問題牧師、問題記者、問題老總、問題官員、問題醫護……原來，原來表面繁華的香港，內臟已爛，百病纏身。

說着說着，又五年了。

五年後因為一條跟全港市民 99.999% 沒關係的逃犯條例修訂，竟然演變成一場黑衣暴亂，這風暴的破壞，百倍於五年前的「佔中」，影響 99.999% 香港市民，社會再度分裂，藍黑之爭，已勢成水火；好友決裂、家庭反目，已成常態。

於是，藍營朋友圍爐檢討時又在說：原來學校這麼爛、政府這麼爛、司法這麼爛、教會這麼爛、媒體那麼爛……

是的，這些話，我們五年前已講過，因為五年前說完反省完檢討完沒人動手處理，於是五年後，一切捲土重來，還變本加厲。如果，今天我們呻完怨完分析完，又再如常生活去，政府又再以為黑暴退去問題就消失了，我敢預言，五年之後，另一種顏色的暴亂將再出台，又或者，根本不需等五年。

想想今天在街上擲磚襲警砸店的孩子，五年前應該只是個小學生。如果，五年前「佔中」發現問

題後社會各層面開始動手術，這些孩子，今日未必會成為街上暴徒。因為五年，足夠讓黃老師黃學校洗掉一代學生的腦。

反對派厲害的地方，是邊說邊做，甚至做了才說，錯了修正，勝了追擊。建制派卻剛剛相反，開會研究寫報告，做嘛，再看着辦吧。至於政府，不做不錯是宗旨。

五年了，香港還能承受幾多個動亂的五年？大家動手做吧，有權者有能者是時候為香港動個大手術。我們就先從最簡單的記錄開始，這場黑色暴亂，不該只有黃色的聲音，三十年後的人回看今天，有權知道這大時代的真實面貌，看看黑暴下這個哭泣的城市。

屈穎妍

2020 年 2 月

黑暴難逃法網

千多張圖片，真實再現了黑色暴亂的瘋狂，觸目驚心，發人深思。

回顧是為了療傷止痛及修補社會裂痕。記錄這座城市的苦難，不為記仇，而是為了喚醒良知，尋找前行的路。

香港一直以擁有法治精神而自豪，法治好比空氣與陽光，得之而不覺，失之才知珍貴。有法必依，違法必究，才能將香港導回正軌。

從 2019 年 6 月開始，截止 2020 年 1 月 23 日，共 7165 人在修例風波中涉嫌犯罪被捕。當中 19 歲至 30 歲的被捕人士最多，有超過 4600 人；其次為 18 歲以下人士，有近 1200 人；61 歲以上則有 74 人。

2020 年 2 月 28 日，「禍港四人幫」之首黎智英（左）被警方上門拘捕，並將於 2020 年 5 月 5 日提堂

2019 年 12 月 8 日，暴徒在終審法院、高等法院縱火及破壞，對法治的踐踏到了無以復加地步

共同珍惜香港這個家

辭舊迎新之際，回望過去一年，相信大家都會有許多難以忘懷的場景，有許多發自內心的感受。

這一年，新中國迎來 70 華誕。中華民族迎來了從站起來、富起來到強起來的偉大飛躍。去年，我們的國內生產總值預計接近 100 萬億元人民幣、人均邁上一萬美元台階，1000 多萬人實現脫貧，我們的生活愈來愈好；首艘國產航母正式列裝，嫦娥四號在人類歷史上首次登陸月球背面，我們的國力愈來愈強；建交國達到 180 個，加入「一帶一路」的國家和國際組織超過 160 個，我們的朋友愈來愈多。中華民族偉大復興的壯麗圖景，真實地呈現在每一位中華兒女的眼前。

令人欣慰的是，在激盪人心的 70 年偉大征程中，香港從未缺席。香港各界人士為改革開放和現代化建設作出的獨特而重要貢獻，已被歷史深深銘記。回歸 23 年來，香港背靠祖國，成功抵禦各種風險挑戰，書寫出與祖國內地同發展、共繁榮的精彩篇章，香港同胞與內地人民一道共擔民族復興的歷史責任，共享祖國繁榮富強的偉大榮光。

> **我們要看清歷史大勢、保持堅定信心，相信沒有任何力量能夠阻擋香港「一國兩制」事業的步伐。**

這一年，香港經歷了嚴峻考驗。去年六月，香港爆發「修例風波」，曠日持久的社會動盪牽動着全國人民的心。習近平主席去年底一個半月內三次會見林鄭月娥行政長官，並在萬里之遙的巴西向國際社會表明中國政府的嚴正立場，寄託了對香港各界「共同把香港的事情辦好」的殷切期望。林鄭月娥行政長官帶領管治團隊及香港警隊恪盡職守、止暴制亂，表現出非常時期的非常勇氣；以在場各位為代表的愛國愛港同胞齊心協力「護法治、反暴力」，彰顯了香港社會的正義力量。

今天的香港還沒有完全走出困局，但從更長的歷史維度看，從南海小漁村到國際大都會，香港的發展從來不是一帆風順；作為一種前無古人的制度探索，「一國兩制」在實踐中也不可避免會遇到各種新情況、新問題。我們要看清歷史大勢、保持堅定信心，相信沒有任何力量能夠阻擋香港「一國兩制」事業的步伐。

各位嘉賓、各位朋友！

新的一年，香港如何再出發？習近平主席視察澳門時特別強調「家和萬事興」，在新年賀詞談到香港時又語重心長地說，「沒有和諧穩定的環境，怎會有安居樂業的家園！」鑒於目前香港的局勢，我想說，止暴制亂、恢復秩序仍然是香港當前最為緊迫的任務。我還想說，珍惜香港這個家，是所有真正關心香港、愛護香港的人的共同心聲、共同期盼和共同責任。

> **不管什麼樣的政治光譜，都應形成這樣的共識，認同一國、珍惜兩制，是香港同胞的福祉所繫，也是香港明天的希望所在。**

讓我們共同珍惜香港這個家，發揮好「一國兩制」這一最大優勢。鄧小平先生當初提出「一國兩制」構想，就是要在對香港恢復行使主權的前提下，最大程度地保留香港的特色和優勢，保持香港長期繁榮穩定。十九屆四中全會將「一國兩制」作為國家治理必須長期堅持的十三條顯著優勢之一，充分體現了中央對實施「一國兩制」的信心和決心堅定不移。實踐告訴我們，「一國兩制」堅持得好，香港就能贏得發展機遇、獲得成長空間；「一國兩制」堅持得不好，香港就會紛爭不止、亂象不斷，最終危害的是絕大多數香港同胞的共同利益、根本利益、長遠利益。不管什麼樣的政治光譜，都應形成這樣的共識，認同一國、珍惜兩制，是香港同胞的福祉所繫，也是香港明天的希望所在。我們相信，堅守一國之本、善用兩制之利，香港未來一定能寫下「香港好、國家好；國家好、香港更好」的嶄新篇章。

讓我們共同珍惜香港這個家，守護好法治文明這一核心價值。「和氣致祥，乖氣致異」，香港雖然有着不錯的家底，但也經不起折騰，去年以來的社會動盪已經造成香港經濟持續衰退，嚴重影響市民生活。香港是一個多元社會，對一些問題存在不同意見甚至重大分歧並不奇怪，但不能走極端、更不能搞暴力，一

烈火焚城，火光反照在車窗上……車內的市民看着這燃燒的城市，憂心忡忡

家人之間有商有量，再大的事情都好解決；突破了法治和文明的底線，對社會只會帶來災難性破壞。香港同胞有崇尚法治的良好傳統，我們相信，只要愛國愛港力量團結齊心、18萬公務員履職擔當、社會各界共同努力，堅決維護法治這一核心價值，堅定支持特區政府依法有效施政，香港這個家就一定能讓我們繼續引以為傲。

> 真心希望香港青年能樹立國家觀念、香港情懷、國際視野，在參與國家發展、推動香港發展中把握自己的未來。

讓我們共同珍惜香港這個家，實現好繁榮發展這一美好心願。習近平主席2017年視察香港時特別強調，「我們既要把實行社會主義制度的內地建設好，也要把實行資本主義制度的香港建設好。」沒有比祖國更希望香港好的了。中央作出建設粵港澳大灣區重大決策、推動香港參與「一帶一路」建設，就是為了幫助香港突破發展瓶頸、鞏固和拓展原有優勢，為香港同胞特別是

青年朋友提供發展機遇、搭建成長舞台。香港青少年是中華民族大家庭的兒女，也是中華民族復興、香港社會繁榮穩定的重要力量，真心希望香港青年能樹立國家觀念、香港情懷、國際視野，在參與國家發展、推動香港發展中把握自己的未來。我們相信，早日從政治霧霾中走出，早日在聚焦發展上破題，香港一定能夠在背靠祖國、面向世界的更大格局中再創輝煌。

各位嘉賓、各位朋友！

我到香港十二天，作為香港這個家的一員，已經感受到了家人的親切。回望過去，不同語言、不同信仰、不同習俗的人們相聚獅子山下，「拋開區分求共對」，攜手為香港這個家打拼奮鬥，才有了今天璀璨的香江傳奇。當前，儘管局勢還沒有完全穩定，但香港精神一直在，香港優勢仍然在，國家支持始終在，我們對香港這個家重回正軌、早日復元充滿信心。

（小標題為編者所加，有刪節。）

中央政府駐港聯絡辦主任駱惠寧
2020年新春酒會致辭

哭泣的城市 City in Tears

香港修例風波實錄
A Historical Account of Hongkong's Extradition Turmoil

出 品 人：姜在忠

策 劃 人：李大宏

主　　編：于世俊　吳明

圖　　片：大公文匯傳媒集團攝影組

撰　　文：李曉芸　蔡先傑　陳淑瑩　曾敏捷　盛文軒　莊恭誠

視　　頻：大公文匯全媒體新聞中心

責任編輯：薩日朗　陳淑瑩　林曉君

裝幀設計：馮自培　神志英　曾嘉敏

出　　版：大公報出版有限公司
　　　　　香港仔田灣海旁道七號興偉中心 29 樓

電　　話：2873 8288

發　　行：香港聯合書刊物流有限公司
　　　　　香港新界大埔汀麗路 36 號中華商務印刷大廈 3 字樓

電　　話：2150 2100

版　　次：2020 年 5 月第四版

國際書號：ISBN978-962-582-074-3

定　　價：港幣 180 元